Estou bem!

Estou bem!

7 passos para uma vida feliz

Ryuho Okawa

1ª reimpressão

IRH Press do Brasil

Copyright © 2013, 2008 Ryuho Okawa
Título do original: "I'm Fine!"
Tradução para o português: Luis Reyes Gil
Edição: Wally Constantino
Cotejo da tradução com o original em japonês: IRH Press do Brasil
Revisão: Agnaldo Alves
Diagramação: José Rodolfo Arantes
Capa: Maurício Geurgas
Imagens de capa: istockphotos

IRH Press do Brasil Editora Limitada
Rua Domingos de Morais, 1154, 1º andar, sala 101
Vila Mariana, São Paulo – SP – Brasil, CEP 04010-100

Nenhuma parte desta publicação poderá ser reproduzida, copiada, armazenada em sistema digital ou transferida por qualquer meio, eletrônico, mecânico, fotocópia, gravação ou quaisquer outros, sem que haja permissão por escrito emitida pela Happy Science – Ciência da Felicidade do Brasil.

1ª reimpressão
ISBN: 978-85-64658-08-0
Impressão: RR Donnelley Editora e Gráfica Ltda.

SUMÁRIO

Prefácio 9

PASSO 1 • VIVA DE FORMA SIMPLES E AGRADÁVEL
1. Leve a vida com o espírito despreocupado 13

PASSO 2 • NÃO SE ODEIE POR FRACASSAR
2. Transforme seus defeitos e fraquezas em sementes para a felicidade..19
3. Torne-se capaz de vencer a si mesmo 24
4. Desenvolva uma mente inabalável 27
5. Cresça constantemente – O efeito Bola de Neve 31
6. Seja você mesmo 34
7. Aceite a si próprio, ainda que com imperfeições 38

PASSO 3 • TENHA UMA CONFIANÇA INDESTRUTÍVEL
8. Será que você não está atraindo a infelicidade?..45
9. O poder para mudar sua vida está em seu coração 49
10. Desenvolva sua autoconfiança 54

11. Elogie-se..60
12. Se tiver problemas no trabalho, exercite-se!..64

PASSO 4 • TORNE-SE MAIS RESISTENTE
13. Descubra o significado da vida oculto nos problemas 69
14. Quando sentir que não aguenta mais, confie em Deus 74
15. Não seja imediatista, aguente firme até conseguir 79
16. Será que você não está limitando suas possibilidades?........................... 83
17. Como superar tempos difíceis 87

PASSO 5 • SAIBA CATIVAR E VALORIZAR AS PESSOAS
18. Seja mais bondoso e tolerante........................... 95
19. Se não conseguir amar uma pessoa, tente compreendê-la........................ 99
20. Não classifique as pessoas como amigas ou inimigas......................... 102
21. Aprenda a desenvolver bons relacionamentos 106
22. Saiba a diferença entre ser bondoso e ser fraco....................................... 110
23. Não exija receber o mesmo em troca 113

PASSO 6 • TENHA CORAGEM DE AVANÇAR
24. Adote um estilo de vida alegre 121
25. Não imponha condições para ser feliz 126

PASSO 7 • MUDE A SI MESMO E FAÇA SUA VIDA BRILHAR
26. Emane sempre uma imagem positiva:
"Estou bem!" 133

Posfácio 139

Sobre o Autor 141

Sobre a Happy Science 143

Contatos 147

Outros Livros de Ryuho Okawa 153

PREFÁCIO

Este é o terceiro livro de uma série publicada no Japão que inclui os títulos *Pausa para um Café* e *Hora do Chá* (ainda não traduzidos para o português). Ele contém uma montanha de tesouros. Pessoas de todas as idades e grupos sociais – crianças da escola primária e até mesmo idosos com 100 anos, donas de casa, assalariados, profissionais liberais e executivos – vão encontrar nele muitas respostas úteis. A maior parte da literatura sobre autoajuda disponível hoje em dia vem dos Estados Unidos e da Europa. Aqui você vai conhecer fórmulas e filosofias universais, explicadas com palavras simples, que irão atender às necessidades de pessoas do mundo inteiro, de todas as religiões e raças.

Você pode também adotá-lo como livro escolar suplementar para ensinar moral e ética, o que certamente ajudará a diminuir de maneira considerável os casos de *bullying*, violência, delinquência, crime e suicídio. Sem dúvida, ele fornece dicas para aprimorar o caráter dos estudantes e contribui para que tenham melhor rendimento nos estudos.

Além disso, este livro serve de ferramenta em programas de treinamento empresarial, pois oferece orientações para se obter bons resultados na melhoria do desempenho da empresa. Ele pode ajudar a solucionar casos de funcionários com depressão, estimular o entusiasmo dentro da empresa e elevar o moral. Vamos todos nos esforçar para sermos pessoas positivas, que conseguem sorrir e ser realmente honestas quando dizem "Estou bem!".

Ryuho Okawa
Abril de 2008

Passo 1

VIVA DE FORMA SIMPLES E AGRADÁVEL

1

LEVE A VIDA COM O ESPÍRITO DESPREOCUPADO

Muitas pessoas vivem com a cabeça cheia de pensamentos inquietantes e ideias complicadas. Se este for o seu caso, faça de conta que esses pensamentos são como teias de aranha e reserve um momento para removê-los da sua mente, como se estivesse varrendo teias de aranha com uma vassoura.

Lembre-se: o verdadeiro ponto de partida na vida é viver com simplicidade e ter uma atitude positiva.

O segredo para levar uma vida iluminada está em fazer um esforço consciente para livrar seu coração de preocupações e complicações desnecessárias.

Imagine um agradável riacho, bem raso, correndo sob o sol suave da primavera. Os raios de sol cintilam sobre a água cristalina e o leito do riacho brilha como se fosse de ouro. A corrente d'água produz um som melodioso que inspira o bem-estar, e os raios de sol que se refletem na superfície criam delicadas formas de luz que serenam o coração.

A vida precisa ser vivida como este riacho de águas cristalinas: de um modo transparente e natural. Isso significa que devemos procurar evitar pensamentos e ideias complicadas, e levar uma vida simples e sincera consigo próprio.

Não deixe que desconfianças ou dúvidas se apoderem da sua cabeça, tampouco permita que problemas emocionais ou complexos de inferioridade o atrapalhem.

Viva com uma atitude positiva, naturalidade e simplicidade. Mesmo que alguém o tenha traído ou decepcionado, não se preocupe: apenas continue vivendo de forma positiva, sem se deixar afetar por isso.

Você também pode levar a vida com o espírito despreocupado e alegre, como uma criança que esquece todas as preocupações do dia após uma boa noite de sono. Remova os fardos pesados da sua mente e deixe que ela fique arejada e bem iluminada.

1 O segredo para levar uma vida iluminada está em fazer um esforço consciente para livrar seu coração de preocupações e complicações desnecessárias.

Passo 2

NÃO SE ODEIE POR FRACASSAR

2

TRANSFORME SEUS DEFEITOS E FRAQUEZAS EM SEMENTES PARA A FELICIDADE

Todos possuem fragilidades e deficiências, mas, se você tem consciência dos seus pontos fracos, na verdade é uma pessoa de muita sorte.

Há um provérbio que diz: "As portas que rangem são as que duram mais". Isso significa que as pessoas com algum problema de saúde ou com fragilidades físicas, por exemplo, vivem mais tempo porque cuidam melhor do seu corpo, ao passo que as pessoas muito saudáveis geralmente abusam do próprio corpo trabalhando em excesso, e na realidade são as que deveriam se cuidar mais.

Do mesmo modo, aqueles que têm consciência de suas fragilidades desde os 30, 40 ou 50 anos nunca excedem seus limites. E isso também significa que eles ainda têm potencial para um crescimento maior.

A maioria das pessoas tem vários problemas que podem causar preocupações e aflições; se este for o seu caso, por favor, procure encará-los como sementes de estímulo positivo para o seu crescimento. Se uma pessoa que já chegou aos 60 ou 70 anos de idade ainda sente algum complexo ou preocupação com o nível de suas habilidades e competências, e costuma pensar: "Ainda não estudei o suficiente", "Ainda tenho muito poucas habilidades" ou "Talvez eu tenha sido negligente e preguiçoso", isso a torna uma pessoa excepcional. O fato de ela ainda não estar plenamente satisfeita consigo mesma oferece-lhe oportunidades de crescimento futuro.

À medida que aprendem coisas novas e acumulam diferentes experiências ao longo da vida, as pessoas se dão conta de que muitas das sementes para o sucesso e para o crescimento se encontram ocultas nas coisas que parecem ser contraditórias. Por exemplo, quando são jovens, as pessoas gozam de ótima condição física e de uma sensibilidade bem aguçada; mas estão em desvantagem pela falta de conhecimento e de experiência. Conforme envelhecem, tornam-se fisicamente mais frágeis, mas endurecem seu caráter e ficam menos sensíveis. Apesar de perderem a força física e a sensibilidade típicas da juventude, esses atributos são substituídos por maior sabedoria e maior riqueza de experiência. De modo similar, os pontos fortes de uma pessoa em determinado estágio da sua vida são substituídos pelos pontos fortes opostos num estágio posterior.

Na maioria dos casos, você descobrirá que as habilidades que não tem hoje – e que são opostas àquelas que você possui agora – serão as que irão alimentá-lo e trazer-lhe possibilidades de evolução no futuro.

Os fatores do sucesso geralmente estão contidos em suas habilidades e pontos fortes, mas a chave para o seu sucesso futuro muitas vezes reside no oposto dos seus pontos fortes.

Portanto, lembre-se sempre de que as sementes que irão guiá-lo no futuro se encontram no oposto dos seus pontos fortes.

> *2 — Os fatores do sucesso geralmente estão contidos em suas habilidades e pontos fortes, mas a chave para o seu sucesso futuro muitas vezes reside no oposto dos seus pontos fortes.*

3

TORNE-SE CAPAZ DE VENCER A SI MESMO

Você nunca chegará a uma vitória definitiva na vida se ficar se comparando aos outros. Se você julga a si mesmo apenas com base em comparações com as outras pessoas, jamais terá sucesso. Em vez disso, faça uma autoanálise levando em conta o crescimento e o progresso que obteve em relação a um período anterior de sua vida. Encare os problemas que enxerga em seu íntimo como coisas que só podem ser encontradas em você. Depois, reflita sobre as habilidades que você possuía ao nascer e perceba a distância que já percorreu e os passos que conseguiu dar desde então. É assim que você deve avaliar a si mesmo.

A verdadeira batalha é aquela travada consigo mesmo, e trata-se de uma batalha que todo mundo tem condições de ganhar. Quando tudo já tiver sido dito e feito, você precisa afirmar: "Eu fui bem, considerando as capacidades com as quais nasci e as notas que tirei na escola". Lembre-se de que na batalha para superar as próprias limitações, a vitória é sempre possível.

Pessoas que travam batalhas com os outros dificilmente conseguem uma vitória definitiva. Na realidade, se olharmos bem para as pessoas que parecem ter alcançado uma vitória sobre as demais, veremos que algumas delas não conquistaram absolutamente nenhuma vitória na vida.

Isso ilustra bem que não é possível haver vitória final quando a pessoa compete com alguém. No fim das contas, seu principal adversário é sempre você mesmo.

3   *Na batalha para superar as próprias limitações, a vitória é sempre possível.*

4

DESENVOLVA UMA MENTE INABALÁVEL

No budismo, desde tempos antigos, ter uma mente inabalável é algo considerado extremamente importante. Isso porque a maioria dos sofrimentos e decepções da vida tem origem na agitação mental. Um dos principais objetivos daqueles que buscam ampliar o conhecimento pelo budismo é encontrar maneiras de acalmar a mente, para que ela não seja perturbada com facilidade.

Pessoas com mente estável e inabalável usufruem de uma paz interior profunda e ao mesmo tempo mostram força e credibilidade. A determinação de superar qualquer dificuldade, combinada com uma grande força de vontade, que nunca vacila, são os alicerces para desenvolver a capacidade de liderança. A essência de um líder é nunca se deixar abalar ou influenciar por pequenas dificuldades e ter força para superar qualquer problema. A fonte dessa força é uma mente inabalável.

Muita gente afirma possuir autoconfiança, mas costuma perdê-la no momento em que sofre alguma crítica por ter cometido algum erro. Essas pessoas precisam desenvolver uma mente que seja de fato inabalável. Para isso, é de vital importância se conscientizar de que você é filho de Deus ou do Supremo Buda, porque sem esta compreensão a mente só conseguirá ser inabalável superficialmente.

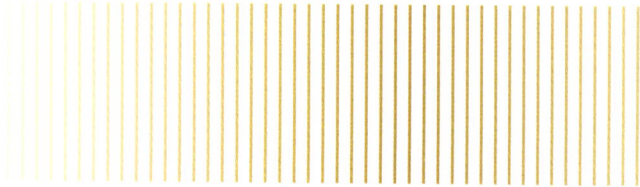

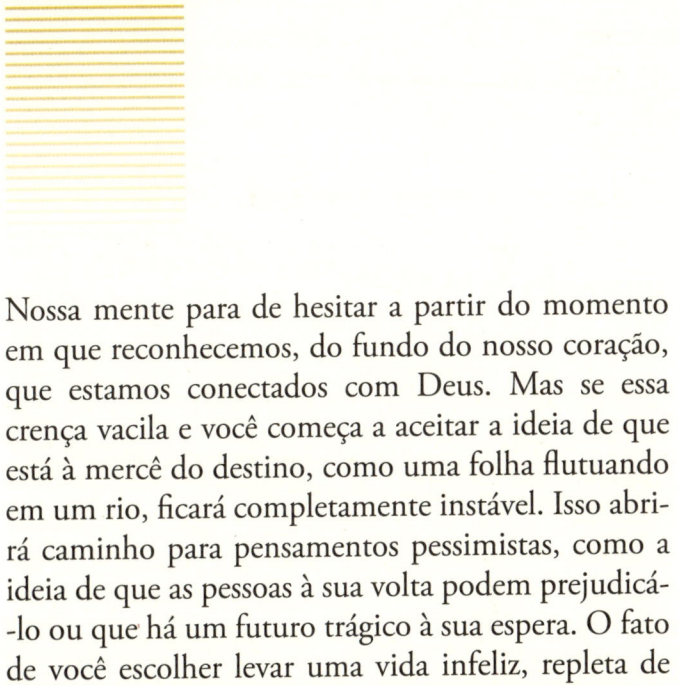

Nossa mente para de hesitar a partir do momento em que reconhecemos, do fundo do nosso coração, que estamos conectados com Deus. Mas se essa crença vacila e você começa a aceitar a ideia de que está à mercê do destino, como uma folha flutuando em um rio, ficará completamente instável. Isso abrirá caminho para pensamentos pessimistas, como a ideia de que as pessoas à sua volta podem prejudicá-lo ou que há um futuro trágico à sua espera. O fato de você escolher levar uma vida infeliz, repleta de ideias derrotistas desse tipo, ou, ao contrário, escolher levar uma vida positiva depende totalmente de como você percebe a si mesmo.

4 O fato de você escolher levar uma vida infeliz ou positiva depende totalmente de como você percebe a si mesmo.

5

CRESÇA CONSTANTEMENTE – O EFEITO BOLA DE NEVE

Todos os dias ocorrem muitas coisas que podem ser tanto sementes de boa sorte e felicidade como sementes de problemas e de ansiedade. Esta é a realidade do mundo. No entanto, se você procurar sempre as lições que estão ocultas em todas as coisas e tentar descobrir as sementes do sucesso contidas em cada problema, não importa o que você tenha de enfrentar, será como uma bola de neve, que continua crescendo à medida que rola.

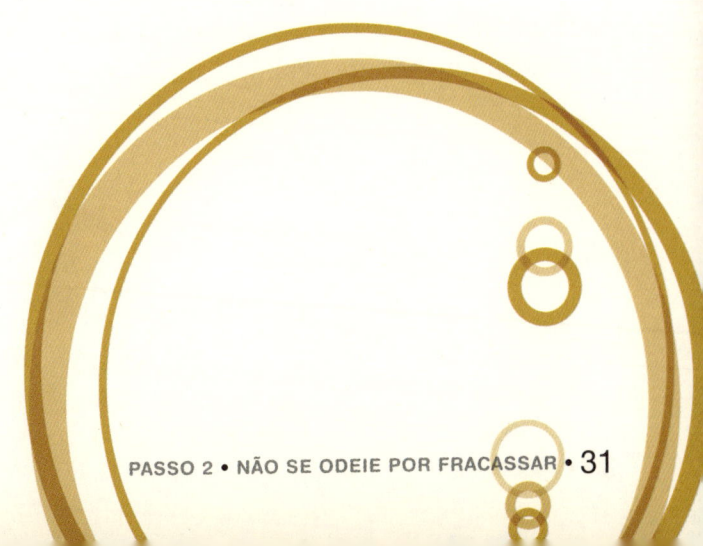

Você precisa manter a bola de neve rolando, mesmo que nela se enrosquem pedregulhos e pedaços de terra. Conforme vai rolando, a bola aumenta de tamanho, pois vai acumulando mais neve. Comparar a vida a uma bola de neve é muito valioso, e encarar a vida desse modo vai ajudá-lo a expandir suas capacidades humanas e fazê-lo crescer duas ou até três vezes mais do que seria possível sem esse enfoque. Lembre-se apenas de que, se você continuar rolando, sem se preocupar ou perder muito tempo com as pequenas pedras e a terra que forem se misturando a ela, irá crescer a cada vez que rolar.

É muito importante ter em mente que toda situação que você enfrenta e toda pessoa que conhece na vida podem ser um professor. Inclusive há situações que nos ensinam o contrário, tornando-se um professor às avessas. Se você conseguir adotar essa perspectiva, todo encontro e todo relacionamento que tiver serão uma lição que poderá beneficiá-lo.

> 5 — *Toda situação que você enfrenta e toda pessoa que conhece na vida podem ser um professor.*

6

SEJA VOCÊ MESMO

Desejar que você tivesse a vida de outra pessoa só vai lhe trazer sofrimento. Se você cair nesse tipo de armadilha, precisa lembrar-se de que para cada trabalho existe uma pessoa certa. E também que em algum lugar existe um trabalho adequado às suas capacidades. Se você se empenhar nesse trabalho com seriedade, sua vida será preenchida de felicidade, e isso lhe permitirá ajudar os outros a terem uma vida feliz.

Os humanos são como as ferramentas de um carpinteiro. Elas realizam um trabalho melhor quando são usadas na tarefa certa. Assim como as ferramentas do carpinteiro, cada um de nós tem seu papel. Pergunte a si mesmo que tipo de papel você tem nesta vida. Então começará a vislumbrar sua missão. Descubra sua vocação e procure se sobressair dentro dela de um modo que o ajude a cumprir sua missão. Lembre-se: não tente trocar sua vida pela de outra pessoa.

Cada pessoa faz parte de um grupo de seis almas irmãs, que se revezam para nascer neste mundo a fim de ter a oportunidade de acumular experiência de vida. Quando uma pessoa volta para o outro mundo, todas as experiências que ela teve na Terra são compartilhadas com os membros desse grupo. Eles são como os cinco dedos de uma mão. Embora sejam individualmente diferentes em sua forma, todos fazem parte da mesma mão. O espírito central, ou líder do grupo, pode ser comparado à palma da mão e as almas irmãs são como o polegar, o indicador, o médio, o anular e o mindinho. O grupo dessas almas irmãs, em conjunto, forma um acúmulo de experiências. Do mesmo modo que a mão usa todos os seus dedos para agarrar objetos, cada alma desse grupo se reveza cumprindo os ciclos da reencarnação para obter diferentes tipos de experiência de vida.

Existem muitas diferenças entre as pessoas, como o gênero, a idade, o grau de inteligência e o tipo físico; algumas pessoas são introvertidas, outras são extrovertidas. Cada uma é boa para realizar determinado tipo de trabalho. E isso se deve ao fato de que cada ser humano tem uma personalidade única.

Se você aceita os outros como eles são, deve também se aceitar como é. Deus perdoa a todos e diz: "Está bom que você seja como é. Você não precisa tentar se tornar alguém que não é. Seja você mesmo, seja esta pessoa que é chamada pelo seu nome". Em outras palavras, Deus aceitou e aprovou que você passe por esse treinamento da alma nesta vida sendo quem é, por isso você tem permissão de viver sua vida a seu modo. Viva o melhor que puder, com aquilo que lhe foi oferecido.

6 Viva o melhor que puder, com aquilo que lhe foi oferecido.

7

ACEITE A SI PRÓPRIO, AINDA QUE COM IMPERFEIÇÕES

É importante não só acreditar que você é filho de Deus ou filho de Buda, mas é preciso aceitar também o fato de que, num certo grau, os seres humanos são criaturas imperfeitas. Desde que você viva neste mundo, sempre terá algum tipo de imperfeição humana, já que é um ser humano vivendo num corpo físico. Neste mundo, é impossível viver como uma entidade espiritual perfeita. Você só poderá viver de maneira imperfeita, já que deverá passar por todo tipo de experiência. Isso pode resultar em fracassos ou contratempos, mas eles são suas oportunidades de praticar a autorreflexão e aprender.

Lembre-se de que as outras pessoas também cometem erros e experimentam fracassos, e que também se recuperam e usam suas descobertas para levar uma vida melhor. Em vez de se esforçar para ser perfeito o tempo todo, é importante se concentrar em melhorar. Ou seja, procure apenas ser melhor, em vez de desejar ser "o" melhor. Você deve convencer a si mesmo disso, repetindo essa ideia várias e várias vezes.

Quando eu afirmo: "Você não precisa viver uma vida perfeita", quero deixar claro que não estou dizendo que você deve ser negligente nos estudos ou no trabalho, pois muitas pessoas facilmente desistem de buscar a perfeição e tornam-se preguiçosas, o que acaba gerando críticas de seus chefes. O ponto é que, se você culpa ou critica a si mesmo a ponto de perder o sono toda noite, então deve aceitar a sugestão de buscar 80% de perfeição; o importante é que você continue no seu caminho.

Embora todas as pessoas busquem um desenvolvimento espiritual para a evolução da alma, elas devem lembrar que ninguém é Deus ou Buda. Vivendo neste mundo, a pessoa comete erros todos os dias e sua vida envolve sofrimentos. É por isso que, como primeiro passo, ela deve procurar viver uma vida melhor. Embora os humanos sejam filhos de Deus, eles são imperfeitos, criaturas desajeitadas em sua vida aqui na Terra. Você precisa reconhecer e aceitar que vive a vida desse modo imperfeito e desajeitado.

> **7** *Procure apenas ser melhor, em vez de desejar ser "o" melhor.*

Passo 3

TENHA UMA CONFIANÇA INDESTRUTÍVEL

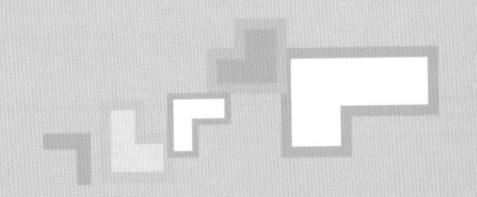

8

SERÁ QUE VOCÊ NÃO ESTÁ ATRAINDO A INFELICIDADE?

Quando você está mergulhado em preocupações, seu coração geralmente fica dividido entre duas ou mais escolhas diferentes e você começa a perder o controle. Ao ver-se em circunstâncias assim, pergunte-se que modo de pensar seria mais benéfico para o seu desenvolvimento. Isso lhe conduzirá a uma resposta.

Considere, por exemplo, alguém que prestou uma prova para obter uma qualificação profissional. Naturalmente, algumas pessoas passam e outras são reprovadas, mas é interessante observar que entre as que foram aprovadas, algumas ficam furiosas pelo simples fato de que suas notas não foram tão altas quanto esperavam. Elas não conseguem aceitar o resultado que obtiveram por causa do seu orgulho. Por outro lado, há pessoas que ficam realmente nas nuvens por serem aprovadas e sentem-se gratas, mesmo que sua nota tenha sido apenas o suficiente para passar. Ou seja, as reações variam de um indivíduo para outro.

As pessoas encontram várias justificativas para suas atitudes; algumas acham, por exemplo, que é natural que tenham de sofrer somente porque Jesus Cristo sofreu. O importante é considerar: "Qual a melhor escolha?" e "Que tipo de pessoa você quer se tornar?" Algumas pessoas tendem a escolher aquilo que irá fazê-las infelizes, e nesses casos não há muito o que fazer. Elas interpretam mal qualquer conselho que os outros possam lhes dar, e encaram as coisas sempre pelo lado negativo. Deus ou Buda sempre arruma um jeito de dar uma mão, mas se a pessoa escolhe a infelicidade, nem mesmo Deus poderá ajudá-la, porque esta decisão se encontra dentro do seu livre-arbítrio. Por isso, antes de mais nada, é importante que você esteja determinado a escolher a felicidade.

8 Antes de mais nada, é importante que você esteja determinado a escolher a felicidade.

9

O PODER PARA MUDAR SUA VIDA ESTÁ EM SEU CORAÇÃO

Existe sempre uma causa para tudo, e um efeito que se manifesta posteriormente. Por isso, é muito importante pensar em maneiras de plantar boas sementes, nutri-las e colher seus frutos.

Eu ensino um método de raciocínio poderoso que desenvolvi chamado de "pensamento dinamite". É um jeito de pensar que consiste em plantar sementes que têm um poder explosivo em sua mente. Observando os indivíduos deste mundo, fico pensando como é estranho que existam tantas pessoas vivendo com uma atitude fraca, e mesmo assim muitos nem sequer buscam pela salvação ou hesitam em pedir ajuda. Gostaria de dizer que o tempo das antigas religiões talvez esteja chegando ao fim, como aquelas em que as pessoas ficam esperando que uma força externa as salve e para isso ficam orando e clamando pelo nome de Deus ou de Buda. No entanto, a chave para a salvação das pessoas não se encontra num método "instantâneo" ou supersimplificado, que dependa de algum tipo de sinal vindo do mundo celestial. Pelo contrário, a chave para a salvação da humanidade está em nutrir e expandir o grandioso poder do pensamento e dos ideais que estão ocultos nas profundezas do coração de cada pessoa.

Aqueles que desconhecem totalmente como funciona o poder que reside na mente poderão dizer que isso é apenas um jogo de palavras, uma ilusão ou uma ideia consoladora. Muitas pessoas abandonaram essa maneira fundamental de pensar e estão em busca de ganhos imediatos ou fenômenos visíveis. Em geral, preferem se concentrar em ideias para ganhar dinheiro ou curar uma doença por meio de algum método rápido. É claramente visível que os seres humanos possuem fraquezas de personalidade, por isso são facilmente atraídos por coisas que oferecem benefícios imediatos. É exatamente esse tipo de pessoa que eu gostaria ajudar a se tornar mais forte. À medida que for se fortalecendo, ela será capaz de resolver uma infindável quantidade de problemas. Na verdade, não existe problema que não possa ser resolvido por essas pessoas que se tornam mais fortes. Por exemplo, uma criança para de chorar e passa a sorrir simplesmente ao ver um doce na sua frente, ou cria coragem apenas a partir de um elogio, ou sai correndo de alegria se alguém lhe faz um carinho na cabeça.

A relação entre Deus e os seres humanos é semelhante. Os seres humanos às vezes sofrem com seus problemas, ficam tristes ou alimentam complexos de inferioridade. Mas quando encontram a palavra de Deus e gravam-na no coração, são capazes de superar as dificuldades e renascer como seres mais fortes, alegres e positivos.

Gostaria que você não apenas lesse as palavras que estou transmitindo agora, mas que as experimentasse na prática. É isso o que desejo imensamente. Os ensinamentos que venho transmitindo repetidas vezes é uma filosofia na qual a mente é o ponto de partida de tudo e que, mudando-se a mente, a vida também irá mudar. Essa é a essência da Verdade. A felicidade e a infelicidade são criadas pela mente da pessoa. Em termos mais concretos, tudo depende do tipo de semente que você planta em seu coração.

9   *A mente é o ponto de partida de tudo: mudando-se a mente, a vida também irá mudar.*

10
DESENVOLVA SUA AUTOCONFIANÇA

Autoconfiança não significa superestimar suas capacidades ou ser alguém convencido. Ao contrário, é aquela confiança indescritível que vem da compreensão de que você tem potencial e que está tudo certo com você. Quando as pessoas estão passando por dor ou sofrimento, costumam se tornar negativas com relação a si mesmas e a pensar que têm pouco valor. No entanto, é importante procurar olhar para si mesmo de forma mais objetiva.

Se você examinar seu passado, talvez seja capaz de dizer: "Eu estava errado a respeito disso ou daquilo" ou "Poderia ter feito melhor nessa ou naquela situação", mas ao mesmo tempo você deve reconhecer que, no todo, até que não se saiu tão mal assim. Pode ser que sinta a felicidade de perceber que sempre foi amado por Deus ou Buda, ou *talvez* desperte para o fato de que prestou bons serviços aos outros.

A autoconfiança surge a partir do acúmulo de pequenas realizações como essas. É importante que você se veja em diversas situações todos os dias e, aos poucos, descubra que está prestando bons serviços aos outros. Sem isso, não poderá construir uma verdadeira autoconfiança.

As aves aquáticas que flutuam na superfície de um lago têm uma camada de óleo protetor em suas penas que as deixa impermeabilizadas. A autoconfiança funciona da mesma maneira. Não importa os infortúnios que possam surgir na sua vida, a autoconfiança age como esse óleo, evitando que haja danos profundos ao seu coração.

Em cada situação, é essencial que dentro de seu coração você acredite em Deus. Se você acredita que este mundo foi criado por Deus, então será capaz de perceber que as tristezas e todas as coisas deste mundo têm realmente algum propósito ou sentido. É impensável que a intenção de Deus seja simplesmente causar-lhe alguma dor. Lembre-se de que você pode até sair fortalecido ao passar pela experiência da morte de um membro da família. Pode conhecer uma pessoa ainda mais maravilhosa ao romper relações com um amigo. Pode encontrar um parceiro ainda melhor ao terminar um casamento ou namoro.

O importante é que, com o passar do tempo, você crie uma reserva de força interior. Em vez de lutar mergulhado na dor e se afogar na infelicidade, você deve se esforçar para aprimorar sua alma. Nos momentos difíceis, é fundamental apoiar-se na sua fé em Deus e no seu amor por Ele. Quando for pego numa espiral de problemas, pergunte a si mesmo se ama a Deus. Muitas pessoas ficam obcecadas em seu amor por si próprias e só conseguem pensar no quanto se sentem infelizes, e então ficam desesperadas tentando obter a compaixão dos outros. Mas o problema é que ninguém poderá jamais lhes dar o suficiente. Nessas horas, endireite a coluna e olhe para o céu aberto. Quem está no meio de preocupações e recebendo influências espirituais negativas geralmente fica curvado, com a cabeça mais perto do chão, de costas para o sol, e só consegue olhar para sua própria sombra. Enquanto fizer isto, nunca será capaz de enxergar a luz.

Portanto, aprume-se, vire o rosto para o sol e alongue seu corpo. Esta será uma expressão de seu amor por Deus. Não fique sempre concentrado no seu pequeno ser. Em vez disso, volte-se para Deus e acolha sentimentos de gratidão. Você precisa compreender a vastidão do amor que tem recebido, e lembrar que talvez se sinta infeliz agora, mas a longo prazo irá entender que aquilo que nos acontece não é sempre tão grave assim. Na realidade, as experiências presentes estão lhe dando o alimento para um crescimento maior.

Não importa quais sejam as provações que o aguardam, desde que você se lembre de que estará sempre tirando lições de cada problema, só poderá ficar cada vez mais forte.

> *10 A autoconfiança surge a partir do acúmulo de pequenas realizações.*

11

ELOGIE-SE

De vez em quando, faça uma lista de todos os seus pontos positivos. Olhe para o seu passado e faça uma relação de todas as coisas que as pessoas já elogiaram em você desde que nasceu. Ao fazer isso, você compreenderá que tem sido elogiado com frequência.

A ideia de que está sempre sendo criticado pode ser apenas o resultado de uma mania de perseguição e não corresponde absolutamente à verdade. Não importa que tipo de pessoa você é, todo mundo tem pontos positivos. O problema é que esquecemos com muita facilidade dos elogios recebidos, e a única coisa que as pessoas se lembram é dos momentos em que foram criticadas. Talvez seja por isso que você pensa de modo negativo. Se este for o seu caso, gostaria que repensasse sua vida e fizesse uma lista de todas as coisas pelas quais já foi elogiado. Com isso, será capaz de enxergar melhor seus pontos positivos. Você só poderá perceber esses pontos ao elaborar uma lista como esta. E provavelmente descobrirá coisas bastante inesperadas.

Por exemplo, você pode ter ficado incomodado com o fato de não ser popular com as mulheres, mas ao pensar sobre isso talvez chegue à conclusão de que foi sempre muito considerado pelos homens. Os homens geralmente não gostam daqueles que são populares com as mulheres e acabam se mostrando críticos a eles. Por outro lado, eles se sentem à vontade com quem não é tão popular com as mulheres; portanto, se você permite que os outros se sintam bem com você, isto pode ser considerado um de seus pontos fortes.

Você deve polir seu caráter para ser capaz de trabalhar com outros homens e ter boa participação. Com isso, as mulheres irão notar que você é popular entre eles e ficarão interessadas. Elas irão achar que se você tem uma reputação tão boa entre homens, deve ser uma pessoa maravilhosa. Portanto, começarão a prestar cada vez mais atenção em você. Considere sempre o princípio de elevar sua consciência a um nível ideal mais alto e continuar no processo de autoconhecimento.

Se você acredita que está errado quando faz determinadas coisas, mas é capaz de parabenizar-se por fazer outras coisas bem, as demais pessoas também irão valorizar esse lado do seu caráter. Você deve usar seu lado bom como a medida segundo a qual irá identificar e examinar seus traços ruins. Então compreenderá o que deve fazer. As pessoas cujo caráter parece não ter nenhuma característica ideal podem ter dificuldades em descobrir o que devem fazer. Para elas, é aconselhável praticar a autorreflexão, mas primeiro devem se concentrar mais numa autorrealização positiva e em desenvolver a autoestima.

11 *Não importa que tipo de pessoa você é, todo mundo tem pontos positivos.*

12

SE TIVER PROBLEMAS NO TRABALHO, EXERCITE-SE!

Para poder continuar realizando seu trabalho de maneira satisfatória e começar o dia seguinte com ânimo, você precisa estar bem fisicamente. Sem dúvida, o trabalho exige não só habilidades específicas, mas também boas condições físicas, pois sem elas você não consegue um bom desempenho. Além disso, quando você está fisicamente debilitado, suas decisões começam a ser pessimistas. Você passa a encarar as relações com os outros também com pessimismo e a pensar de modo cada vez mais negativo, o que o levará a sentir que seu futuro no trabalho é sombrio. Mas, se estiver forte e vigoroso, terá uma visão mais favorável do futuro. Acreditará que é possível melhorar os relacionamentos que não estejam funcionando e que podem acontecer coisas boas no seu trabalho e na sua vida.

Dentre as dificuldades que uma pessoa enfrenta no trabalho, algumas podem ter uma causa física. A solução é começar melhorando seu preparo físico.

12 *O trabalho exige não só habilidades específicas, mas também boas condições físicas, pois sem elas você não consegue um bom desempenho.*

Passo 4

TORNE-SE MAIS RESISTENTE

13

DESCUBRA O SIGNIFICADO DA VIDA OCULTO NOS PROBLEMAS

Os seres humanos reencarnam muitas vezes neste mundo porque estão fazendo um eterno aprimoramento espiritual. Se você analisar seu treinamento espiritual por este ponto de vista, então aquilo que originalmente encarou como uma provação poderá ser visto de modo diferente.

Você compreenderá que os problemas que enfrenta neste exato momento revelam o tipo de desafio que precisa superar. A vida é um caderno de exercícios com problemas a serem resolvidos. Assim, mesmo que sinta que você está sendo sugado por um redemoinho de angústias, na realidade isso significa que está enfrentando uma das questões mais importantes da sua vida, e vive atualmente um período crucial para seu desenvolvimento espiritual. Esta é uma época muito estimulante para você. Você finalmente entrou no ringue para disputar a luta. Até agora, passou um longo tempo treinando, exercitando-se, mas esse período agora terminou e a luta está prestes a começar. Quando seu nome for anunciado e você estiver num dos cantos do ringue, será hora de tirar o roupão e partir para a luta. E depois de entrar no ringue, você terá de lutar.

Este pode ser o grande momento para o qual você foi colocado neste mundo; na verdade, mesmo antes de nascer você pode ter passado décadas ou mesmo séculos no outro mundo preparando-se para este momento. Só quando sentiu que estava forte o suficiente é que decidiu descer à Terra e enfrentar esse desafio. Se o seu adversário fosse um ser humano e lhe desse um golpe, isso talvez fosse bastante dolorido, mas o que você está enfrentando não é uma pessoa. O que você vê como um problema intransponível é, na verdade, nada mais do que uma ilusão. É apenas seu próprio carma manifestando-se diante de você na forma de algum problema ou preocupação. O que você encara dentro do ringue não é outra pessoa; trata-se de uma batalha entre você e seu carma, e você precisa vencer essa luta a todo custo. Esse é o propósito da sua atual encarnação.

Então por que agora, quando chega o momento crucial, você ainda fica arrumando desculpas, dizendo coisas como: "Não tenho culpa se não sou suficientemente inteligente" ou "O que atrapalha são as circunstâncias", "O problema são os meus pais", "Foi culpa do meu irmão" ou "Eu não progredi porque era pobre"? Agora você está dentro do ringue, já saiu do seu canto, tocou as luvas de seu adversário e os dois estão olhando fixamente um para o outro. Arrumar desculpas neste momento equivale a dizer: "Bem, na verdade, eu não andei treinando muito ultimamente, sabe, minhas pernas estão um pouco duras e minhas costas estão doendo desde ontem". Se numa hora dessas você ouvisse seu adversário dizendo coisas assim, concluiria que se trata de uma pessoa fraca e iria aproveitar a oportunidade para vencer a luta. Portanto, esse tipo de atitude não traz bons resultados.

Se você está no ringue, precisa esconder suas fraquezas e dar o melhor de si. Na hora em que está frente a frente com seu carma, você precisa estar determinado a assumir uma postura corajosa e partir para a luta. Mesmo que esteja em desvantagem, nunca deve demonstrar isso. No ringue, você não pode deixar seu adversário saber que ele tem uma chance. Se tiver registrado 63 quilos na pesagem oficial, deverá agora estufar o peito e se comportar como se pesasse mais, para deixar seu oponente com medo de ser nocauteado. Portanto, na sua vida, você deve sempre pensar positivamente.

13 *A vida é um caderno de exercícios com problemas a serem resolvidos.*

14

QUANDO SENTIR QUE NÃO AGUENTA MAIS, CONFIE EM DEUS

Deus nunca faz a pessoa enfrentar um problema que seja difícil demais para ela resolver; isso é algo que Ele nunca fez e nunca fará. A pessoa que está envolvida numa batalha talvez ache que não é capaz de suportar esse fardo, mas aos olhos de Deus esse fardo é exatamente do tamanho necessário.

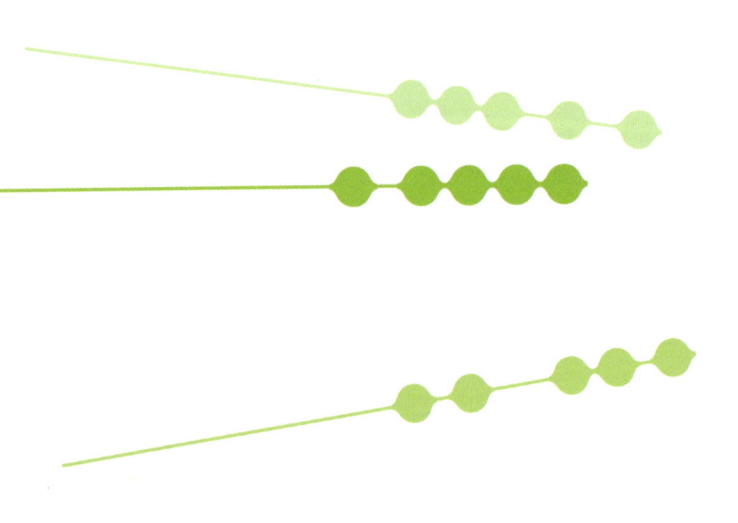

Para entender isto, imagine um homem que está carregando uma mochila muito pesada nas costas. Talvez ele seja capaz de carregar mais peso, no entanto, evita fazer isso e carrega apenas mochilas leves. Quando precisa se esforçar para carregar algo mais pesado, acredita que não vai conseguir. Só que, depois de um tempo, outro fardo mais pesado é colocado nas suas costas. Apesar do seu receio de não aguentar o peso, ele consegue carregá-lo. Continua andando e, de repente, vem mais alguém e põe outro peso adicional em suas costas.

Ele pensa "Agora com certeza não vou ser capaz de continuar em pé", mas ele consegue suportar bem o peso. Por fim, conclui que, ao achar que era incapaz de carregar um fardo muito pesado, na realidade ele estava apenas sendo preguiçoso.

O mesmo se aplica ao trabalho. À medida que a carga de trabalho aumenta, as pessoas podem ficar preocupadas e achar que não serão capazes de dar conta. Toda vez que você sentir que chegou ao seu limite, é importante que avalie se realmente fez tudo o que Deus espera de você e tudo o que Ele acredita que você é capaz de suportar.

Conforme for se aprimorando, descobrirá que aquilo que antes parecia ser um grande problema, difícil demais de encarar, torna-se algo com que não vale a pena sequer se preocupar. Por exemplo, quando uma empresa de repente atravessa um período de grande expansão, os funcionários podem achar que serão incapazes de lidar com a carga adicional de trabalho ou que não estão à altura das mudanças ocorridas. No entanto, à medida que se esforçam para lidar com a carga adicional de trabalho, descobrem que até aquele momento não haviam feito o esforço de que eram capazes e que estavam em pânico sem motivo. As pessoas às vezes acham que estão diante de um problema insolúvel, quando na verdade isso só acontece na sua imaginação.

Embora agora você possa sentir que enfrenta um problema que não é capaz de superar, daqui a um ano poderá constatar que conseguiu muito bem resolvê-lo sozinho. Portanto, pense no que faria se estivesse já no futuro, daqui a um ano, e tenho certeza de que irá encontrar a solução. Em outras palavras, imagine como você será no futuro, o quanto irá crescer, e então traga essa imagem para o presente. Se fizer isto, verá como consegue se tornar mais forte. Acredito que vale muito a pena tentar.

Às vezes, você está muito envolvido tentando resolver um problema e de repente descobre que ele se resolveu, sem que você tivesse percebido. De início, talvez ache inacreditável que tenha sido capaz de resolver um problema tão difícil, mas cedo ou tarde conseguirá resolver problemas similares com facilidade.

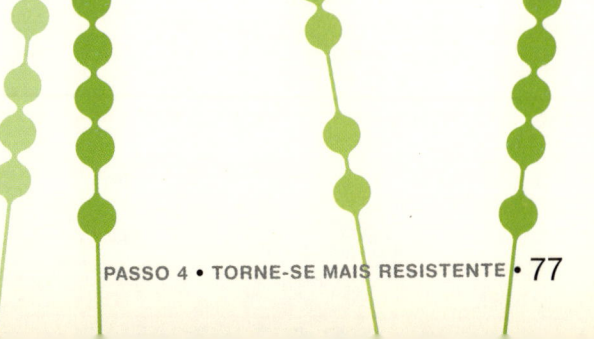

14 Toda vez que você sentir que chegou ao seu limite, avalie se realmente fez tudo o que Deus espera de você e tudo o que Ele acredita que você é capaz de suportar.

15

NÃO SEJA IMEDIATISTA, AGUENTE FIRME ATÉ CONSEGUIR

Quando sentir que está prestes a desistir e que as coisas não poderiam ficar piores do que estão, ou que você nem sabe o que vai acontecer se aparecer mais algum problema ou dificuldade na sua vida, tenha em mente que esses períodos geralmente são muito curtos. Se você concentrar a atenção somente nesses um ou dois anos ruins, talvez se sinta deprimido com todas as coisas que não andaram como esperava. Nessa hora, você precisa mudar por completo sua maneira de pensar. O fato de não ter ido bem num determinado período talvez signifique que você não é muito bom numa corrida de 100 metros rasos, mas isso não quer dizer necessariamente que você não seja um corredor competente. Um *sprint* é mantido por 100 metros, mas uma maratona dura mais de 42 quilômetros. Se você não é bom velocista, então pergunte a si mesmo se tem talento para correr longas distâncias. Às vezes, o que você precisa fazer é apenas mudar seu ponto de vista.

Eu pessoalmente nunca fui um corredor muito bom, mas quando estava no colegial participei uma vez de uma maratona e cheguei numa posição bastante satisfatória. Essa experiência de uma corrida de longa distância ensinou-me a importância de achar meu ritmo em todas as coisas. Quando a corrida começou, decidi ficar perto de um grupo de pessoas que tinham mais ou menos a mesma habilidade que eu e corri com elas para controlar meu ritmo.

No entanto, depois de ter corrido algum tempo, meu corpo foi aquecendo; eu me sentia bem e percebi que seria capaz de fazer melhor do que imaginara a princípio. A partir da metade da corrida, aumentei o ritmo e senti como se minhas pernas tivessem ficado mais compridas. Fui capaz de continuar aumentando minha velocidade, até que me vi ultrapassando pessoas que sempre haviam ganhado de mim nas corridas curtas. Os velocistas costumam ter um físico mais robusto e quando perdem o ritmo numa corrida de longa distância acham que não têm mais condições de continuar. Eu podia ver o espanto no rosto dos velocistas quando os ultrapassava. Eu mal acreditava que aquilo estava acontecendo. Foi de fato uma experiência incrível.

Falei sobre a importância de achar o próprio ritmo. Você precisa avaliar sua força de maneira objetiva e decidir quando é hora de fazer um esforço adicional, a fim de conseguir o melhor resultado a longo prazo. Lembre-se de que sempre é possível melhorar.

15 *Quando sentir que está prestes a desistir e que as coisas não poderiam ficar piores do que estão, tenha em mente que esses períodos geralmente são muito curtos.*

16

SERÁ QUE VOCÊ NÃO ESTÁ LIMITANDO SUAS POSSIBILIDADES?

Ao enfrentar preocupações, é importante procurar sempre maneiras de aumentar suas possibilidades na vida.

Tanto no beisebol profissional quanto no amador, vemos que sempre há dois ou mais arremessadores sentados no banco, esperando para entrar no jogo quando necessário. Esses arremessadores têm funções diferentes: há o arremessador inicial, o arremessador reserva e o *closer* (arremessador que termina o jogo). A equipe prepara arremessadores com diferentes funções para ser capaz de ajustar sua estratégia conforme o andamento da partida. É assim que os treinadores reduzem o risco de derrota, diversificando as opções.

Do mesmo modo, na vida você deve tomar esse tipo de precaução contra possíveis fracassos. Prepare duas ou mais alternativas de antemão e aprimore sua capacidade de resolver problemas, para poder superar qualquer dificuldade. Mas, assim como no beisebol, em que mesmo arremessadores profissionais não conseguem vencer sempre suas partidas, você tampouco poderá realizar seus sonhos todas as vezes, pois sempre encontrará obstáculos pelo caminho. Por isso é bom ter preparadas antecipadamente algumas medidas de emergência para lidar com eles.

Uma razão pela qual os contratempos podem se tornar tão difíceis é que as pessoas elegem apenas uma meta na vida. É ótimo fixar uma meta e lutar para obter sucesso, mas se você pensa demais numa meta em particular e acredita que ela é a única maneira de realizar seus sonhos, sua determinação irá se transformar em apego. Com isso, até mesmo fracassos menores poderão trazer-lhe sérias decepções.

É como limitar-se a uma profissão ou uma especialidade nos estágios iniciais de sua vida. Talvez você tenha perdido de vista o quadro mais geral – que diz que você tem um potencial bem maior do que imagina. Quando estiver empenhado em resolver um problema, procure sempre abrir espaço para outras possibilidades. Este é um dos principais métodos para evitar decepções.

16 *Uma razão pela qual os contratempos podem se tornar tão difíceis é que as pessoas elegem apenas uma meta na vida.*

17

COMO SUPERAR TEMPOS DIFÍCEIS

Como conseguimos superar dificuldades ou sair de uma situação difícil? A maioria das pessoas vem ao mundo com altas aspirações de realizar seus sonhos. Quando temos expectativas de crescer cada vez mais e nos vemos caindo numa fase ruim, que medidas devemos tomar para sair dela?

Antes de mais nada, gostaria de lembrar que existe uma fonte inesgotável de energia dentro de nós. A alma possui camadas como uma cebola. Em outras palavras, é uma estrutura em múltiplas camadas e seu núcleo está diretamente conectado ao Buda Primordial ou Deus Cósmico, o ser que governa todo o universo. Esta parte central da sua alma é a fonte que lhe dá luz e resistência ilimitada.

De fato, essa luz ilimitada tem o mesmo poder e os mesmos atributos de Deus, o que significa que é cheia de sabedoria, justiça, coragem, misericórdia, amor, harmonia e prosperidade. Assim, quando você estiver numa situação difícil, precisa acima de tudo lembrar-se do seu verdadeiro eu. Fique consciente de que na sua essência você tem poder sem limites. Lembrar-se disso permitirá que você exercite o poder ilimitado da sua alma.

Na realidade, nenhuma das pessoas abriu ainda a tampa da sua mente. Embora o verdadeiro poder dentro de nós cresça infinitamente, brote sempre e nunca se esgote, como se fosse uma fonte de águas termais, você pode ter bloqueado sem saber esse manancial com o pensamento humano cego.

Como segundo ponto, gostaria que você se lembrasse de se concentrar na acumulação de energia. Uma fase ruim é um período em que você gasta tanta energia que fica com pouca reserva dela. Nessas horas, é preciso se esforçar para acumular força de novo. Em tempos difíceis, sempre digo a mim mesmo para colocar toda a atenção no estudo. No decorrer da vida, todos têm fases difíceis, e nessas épocas o jeito mais sábio de viver é focar em acumular força interior. Uma má fase com certeza termina num espaço de tempo relativamente curto, por isso aproveite-a para acumular o máximo de força possível.

A terceira atitude importante é encarar qualquer adversidade como uma oportunidade de reservar tempo para pensar na felicidade dos outros. Numa fase ruim, as pessoas tendem a pensar demais em si mesmas e esquecem os outros. Portanto, nessas épocas, faça um esforço para mudar o objeto de sua atenção; ou seja, pense mais em como fazer os outros felizes.

Não é exagero dizer que a melhor maneira de superar uma fase difícil é tentar levar alegria aos outros. Embora você esteja sofrendo, nunca tente descarregar sua dor nos outros, senão acabará causando ainda mais dor a si mesmo. Se você está sofrendo, por que não tentar levar alegria aos outros? Se o seu coração está cheio de aflição e tristeza, é mais importante ainda tentar sorrir para os outros.

Seguindo esse caminho, você com certeza conseguirá superar logo esses tempos de sofrimento.

17 *A melhor maneira de superar uma fase difícil é tentar levar alegria aos outros.*

Passo 5

SAIBA CATIVAR E VALORIZAR AS PESSOAS

18

SEJA MAIS BONDOSO E TOLERANTE

A Terra tem hoje mais de sete bilhões de habitantes, vivendo em países muito diferentes e nos mais diversos ambientes. Alguns passam fome, outros possuem fartura. Alguns desenvolveram bastante o intelecto, outros não. Tem gente fisicamente forte, fraca, de pele clara, escura, em famílias felizes ou não. São sete bilhões de pessoas vivendo numa ampla variedade de situações e circunstâncias.

Imagine como este mundo deve parecer aos olhos de Deus. Ele deve estar dizendo: "Vejo pessoas de diferentes raças e origens, e tudo isso é bom. Todas devem se esforçar para serem felizes. Cada uma deve procurar ser feliz dentro das circunstâncias que lhes foram dadas".

Nossa existência não se limita a esta vida presente. Assim como um rio flui de um lugar para outro, nós existimos como almas por um período de tempo muito longo, e reencarnamos muitas vezes na Terra. Já nascemos na África, na Índia, na China, no Japão e em outras regiões do mundo, em diferentes períodos da história. É assim que as longas vidas que possuímos, que duram toda a eternidade, podem se tornar vidas frutíferas.

É como um riacho que desce a montanha, corre por um pequeno vale, recebe água de outros córregos, às vezes flui como uma forte correnteza, outras vezes flui devagar e acaba se tornando um rio amplo como um mar. De modo semelhante, nossas vidas vão acumulando uma variedade de experiências dentro do fluxo eterno das reencarnações. Quando temos consciência deste fato, precisamos nos tornar mais tolerantes conosco, assim como com as outras pessoas. E não há como não ser tolerante quando sabemos que cada indivíduo está vivendo sua vida singular, e passando por um treinamento espiritual que é parte do grande fluxo.

Procure ser gentil consigo mesmo. Talvez você acabe cruzando com uma cachoeira ou uma corredeira na extensa história da sua alma. Quando isso ocorrer, diga a si mesmo: "Você está indo bem. Embora esteja passando por um mau momento, trata-se apenas de uma parte de sua longa jornada, por isso não seja impaciente. O rio logo voltará a desacelerar e correr tranquilo. Até lá, tenha paciência e seja tolerante com todos e com tudo".

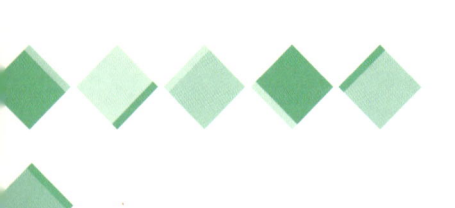

18 Não há como não ser tolerante quando sabemos que cada indivíduo está vivendo sua vida singular, e passando por um treinamento espiritual que é parte do grande fluxo.

19

SE NÃO CONSEGUIR AMAR UMA PESSOA, TENTE COMPREENDÊ-LA

Com relação ao amor, o fundamental e mais importante é compreender os outros. Compreender alguém significa praticamente a mesma coisa que amar a pessoa. Quando alguém é incapaz de amar, é porque não consegue compreender. Talvez você fique imaginando às vezes por que não consegue amar determinada pessoa. E a resposta é simples: você não é capaz de entendê-la. Ao compreender uma pessoa, você consegue amá-la.

No caso de pessoas casadas, quando um parceiro não ama o outro, isso se deve também a uma falta de compreensão. Em geral é assim. Se uma pessoa é capaz de compreender, então também é capaz de amar. Maridos e esposas têm sempre suas razões para se queixar e sabem explicá-las, mas os conflitos surgem porque as pessoas são incapazes de entender e perdoar o outro. Quando conseguem uma compreensão mútua, elas são capazes de amar.

O mesmo vale ao tentar transmitir a Verdade às pessoas da maneira mais adequada a cada uma; o grau em que você é capaz de entender a outra pessoa é de vital importância. Se você só consegue falar com pessoas que se dão bem com você, a abrangência de sua capacidade de expor a Verdade ficará muito limitada.

O primeiro requisito para aumentar sua capacidade de amar as pessoas é conseguir compreendê-las, e isso exige esforço. Ao ganhar mais experiência e ampliar sua bagagem de conhecimento, você será capaz de compreender melhor os outros. Se conseguir compreender uma pessoa, será capaz de amá-la. Do mesmo modo, se você sente que alguém o compreende, vai sentir que está sendo amado.

> *19 — O primeiro requisito para aumentar sua capacidade de amar as pessoas é conseguir compreendê-las, e isso exige esforço.*

20

NÃO CLASSIFIQUE AS PESSOAS COMO AMIGAS OU INIMIGAS

São muitas as situações em que não conseguimos perceber os outros corretamente. Às vezes, vemos as pessoas de modo incorreto porque nossa percepção com frequência se baseia em ideias preconcebidas.

Um preconceito muito comum é ver o outro como amigo ou inimigo. Ao olhar para as pessoas, costumamos dividi-las em dois grupos, com base no fato de serem nossas amigas ou inimigas. Depois, passamos a atormentar as que rotulamos como inimigas; em contrapartida, ficamos próximos e convivemos com as que consideramos como amigas. Ao classificar uma pessoa como amiga ou inimiga, a primeira coisa que costumamos levar em conta é se essa pessoa irá nos beneficiar ou não.

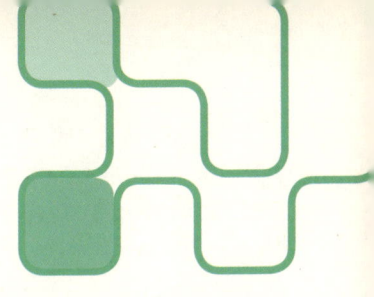

É comum julgar como inimigas também as pessoas que são próximas àquelas que já rotulamos previamente como inimigas. E então evitamos passar-lhes informações ou fazemos comentários negativos a respeito delas ou tentamos derrubá-las. É muito importante evitar esse tipo de pensamento que divide as pessoas em amigas e inimigas, pois é aí que o equívoco começa.

Quando alguém decide classificar uma pessoa como inimiga ou alguém que lhe é prejudicial, é raro que mude de ideia. Mas eu gostaria de sugerir: "Espere um pouco. Não se precipite em tomar essa decisão".

Existe sempre uma razão ou antecedente que explica por que uma pessoa age de certa maneira ou assume determinada posição. É inadequado considerar uma pessoa como amiga ou inimiga sem compreender esses antecedentes. Mesmo que alguém lhe dê a impressão de que vai lhe causar problemas, você precisa tentar descobrir por que a pessoa está agindo daquele jeito.

Muitas vezes, essas pessoas são, na verdade, como um professor disfarçado, ou podem ainda ser um reflexo de sua própria mente. Se você acha que alguém é incompetente, essa pessoa reagirá a esse pensamento. No entanto, se você pensa: "Ela é uma pessoa muito eficiente", ela irá pensar o mesmo a respeito de você.

A maioria de nós não é capaz de reconhecer de imediato todos os pontos positivos das outras pessoas. Portanto, devemos considerar as partes de uma pessoa que não conseguimos ver como áreas nebulosas e levar sempre em conta que pode haver várias possibilidades de interpretação.

20 — Às vezes, vemos as pessoas de modo incorreto porque nossa percepção com frequência se baseia em ideias preconcebidas.

21

APRENDA A DESENVOLVER BONS RELACIONAMENTOS

Gostaria de falar agora sobre um método para ter sucesso no trabalho, destacando o relacionamento entre superiores e subordinados e a maneira como interagem.

Primeiro, avalie se você respeita seus supervisores ou superiores. Na verdade, as pessoas que não têm sucesso no trabalho raramente respeitam seus superiores. É claro que seus superiores e supervisores têm imperfeições humanas, deficiências e pontos fracos. Você sempre poderá descobrir neles coisas questionáveis. No entanto, há outros aspectos deles para os quais o oposto é verdadeiro. Eles ocupam aquele cargo porque alguém num nível ainda mais alto da hierarquia empresarial considerou-os competentes para as suas atribuições. Portanto, se você imagina que a pessoa que está acima de você não tem capacidade e que é cheia de falhas e deficiências, então terá de pressupor que você nunca terá sucesso na sua companhia, sociedade ou organização.

Se fizer uma lista dos pontos fortes e deficiências de seu superior, e encontrar muito mais pontos negativos do que positivos, o mínimo que se pode dizer é que o seu sucesso na empresa será improvável.

Para ser bem-sucedido, além de respeitar os superiores você precisa também amar os que estão abaixo de você na hierarquia. Mas o que quer dizer "amar os subordinados"? Primeiro, significa ajudá-los a melhorar seus pontos fortes e adverti-los a respeito de suas deficiências. Talvez você não tenha contato regularmente com seus subordinados, mas sua responsabilidade como alguém que está numa posição mais elevada é assegurar que eles se tornem indivíduos merecedores de elogios e capazes de trabalhar bem, e que continuem com bom desempenho ao chegarem a posições mais altas.

Portanto, precisará ter muito cuidado para não se sentir enciumado com a capacidade deles. Algumas pessoas sentem inveja quando alguém de talento passa a trabalhar sob suas ordens. Fazem o que podem para dificultar o trabalho do subordinado, criticando tudo o que ele faz. Esses sentimentos obviamente impedem o sucesso do subordinado. Mas, ao mesmo tempo, as pessoas que adotam esse tipo de comportamento também têm seu crescimento na empresa dificultado.

As pessoas que alcançam um sucesso real são aquelas que tendem a apreciar a capacidade dos outros. Elas amam aqueles que mostram habilidades que elas próprias não possuem. Amam as pessoas que têm traços de caráter maravilhosos e então se dispõem a ajudá-las a continuar crescendo. Amar pessoas que estão abaixo de você na hierarquia empresarial é dispor-se a acolher sua singularidade e ajudá-las a expandir ainda mais sua individualidade. Isso implica que você sente orgulho quando conta com alguém muito mais talentoso do que você trabalhando sob suas ordens. Esforce-se para alcançar um estado mental elevado como esse. Só quando você tiver conseguido esta atitude é que será realmente capaz de seguir adiante.

21 *As pessoas que alcançam um sucesso real são aquelas que tendem a apreciar a capacidade dos outros.*

22

SAIBA A DIFERENÇA ENTRE SER BONDOSO E SER FRACO

Dentro de casa, as pessoas também precisam constituir bons modelos. Se alguém só é maravilhoso fora de casa, não merece respeito. Se o seu negócio prospera à custa da sua família, você nunca merecerá nenhum respeito por suas realizações.

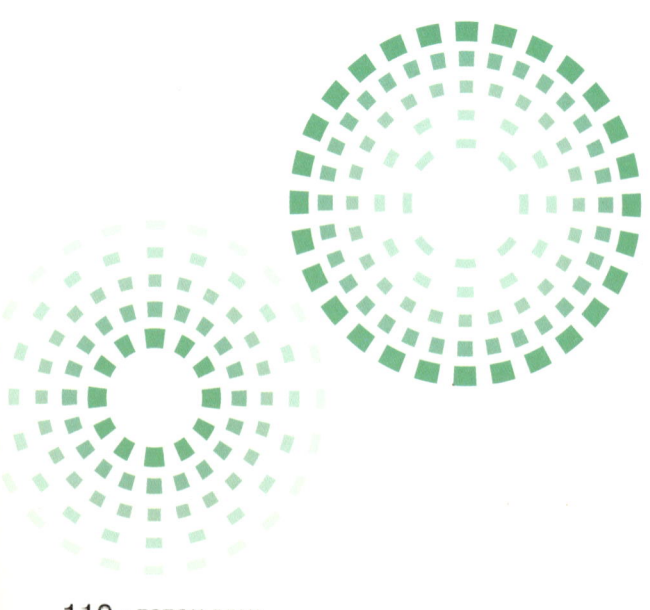

Os homens que têm força demonstram também calor humano e bondade. Uma pessoa que não tem força não pode ser gentil no verdadeiro sentido. A força deve estar revestida de responsabilidade e ser exercida trabalhando com paixão neste mundo. Não se esqueça de que sem força não é possível haver bondade. Ser gentil e bondoso não significa perder sua autoridade e tornar-se um fraco. Essas duas coisas não têm nada a ver uma com a outra.

Do mesmo modo, gostaria de destacar que uma mulher realmente bondosa é uma mulher de coragem. Quando o marido enfrenta obstáculos e dificuldades, é a mulher que tem o poder de apoiá-lo e encorajá-lo, e permite assim que ele alcance grandes realizações. O que é preciso nesse caso é coragem. A mulher que tem coragem também consegue ser boa e afetuosa. Bondade não representa fraqueza ou debilidade, mas algo que torna as pessoas mais fortes. Por favor, lembre-se sempre disso.

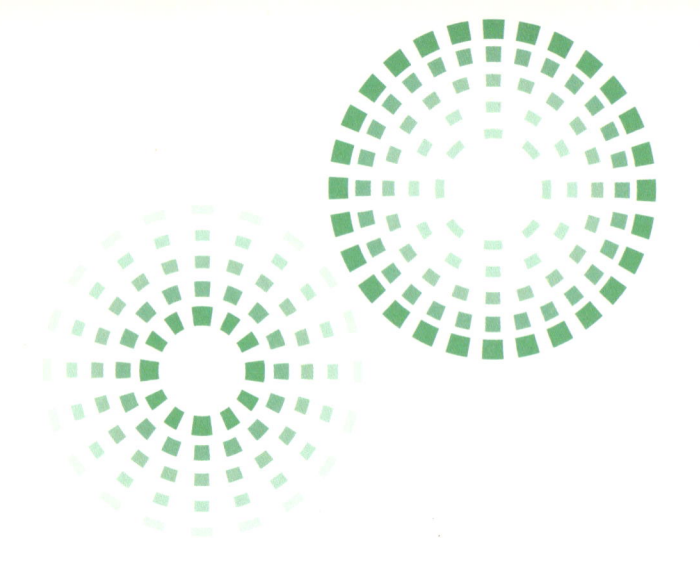

22 *Bondade não representa fraqueza ou debilidade, mas algo que torna as pessoas mais fortes.*

23

NÃO EXIJA RECEBER O MESMO EM TROCA

A infelicidade na vida começa com a atitude de ficar constantemente lembrando o que você já fez pelos outros, esquecendo o que eles já fizeram por você. O pensamento: "Apesar de eu ter feito tanto por ele, nunca fez nada por mim em troca" é o ponto de partida da infelicidade.

Pessoas que pensam assim precisam ter consciência de que é imaturo afirmar: "Fiz isto por ele". Quando se dá algo aos outros, é importante que isso seja feito de livre e espontânea vontade.

Isso vale particularmente para a bondade e a consideração; procure lembrar sempre a si mesmo que o amor pelos outros é um presente que você dá em troca de nada; é uma via de mão única. E que, se você por acaso recebe amor como retribuição, deve considerar isso como um bônus inesperado.

Existem muitas pessoas ingratas no mundo, e você não é uma exceção. Mesmo que acredite que abriu caminho sozinho, com certeza recebeu ajuda de muita gente durante o processo. Você não pode simplesmente esquecer a boa vontade e o amor sincero que recebeu de seus pais, professores, amigos, superiores e colegas.

Não fique se queixando e dizendo: "Ninguém fez nada por mim" ou "Depois de tudo o que fiz por ele, acabou virando as costas e me traindo". As pessoas que sempre ficam lembrando o que fizeram pelos outros tendem a esquecer muito rápido o que os outros fizeram por elas. Quando você faz algo por alguém, é importante que não espere nenhuma recompensa e depois esqueça o que fez. Ao mesmo tempo, lembre-se sempre do que os outros fizeram por você e continue a se sentir grato a eles por muito tempo. Se todos adotassem essa maneira básica de pensar, o mundo seria um lugar melhor.

O problema com a ideia de "é dando que se recebe" é que ela indica que a pessoa não tem benevolência de sobra. Mostra que o seu sentido de felicidade é tão escasso que fica excessivamente dependente da opinião dos outros. Em outras palavras, a benevolência ou felicidade dessa pessoa é tão limitada que ela só se sente satisfeita se os outros também se mostram benevolentes e felizes com ela. No entanto, para quem tem benevolência e felicidade em abundância, só esses sentimentos já são suficientes para limpar toda a negatividade. Por isso, seja benevolente e dê felicidade aos outros sem restrições. Como se fosse uma fonte, faça jorrar essa energia infinita que vem do seu interior.

Espelhe-se na natureza. Nas montanhas, vemos inúmeras fontes jorrando em abundância. Alguma vez essas fontes pediram algo em troca? E quanto ao Sol lá no céu? Alguma vez ele pediu alguma retribuição aos seres humanos? As empresas de energia cobram pela eletricidade que fornecem, mas o Sol nos dá calor e energia de graça. Talvez seja inadequado esperar que as pessoas na Terra sejam como o Sol, mas se você pelo menos ficar consciente de que há muitas bênçãos transbordando na natureza, poderá vê-las como a misericórdia divina.

23 *As pessoas que sempre ficam lembrando o que fizeram pelos outros tendem a esquecer muito rápido o que os outros fizeram por elas.*

Passo 6

TENHA CORAGEM DE AVANÇAR

24

ADOTE UM ESTILO DE VIDA ALEGRE

Eu costumo ensinar a importância de adotar um estilo de vida alegre, mas como é possível desenvolver um caráter assim? Veja a seguir quais são as características sempre presentes nas pessoas que têm um caráter saudavelmente despreocupado.

Viva com honra e resolução

É raro encontrar indivíduos de valor hoje em dia. A maioria das pessoas tende a ser questionadora. Como elas estão sempre tentando justificar a si mesmas ou arrumar desculpas para tudo, não conseguem praticar a autorreflexão. Portanto, se você notar que tem tendência a arrumar desculpas e a reclamar, por favor, tente ser um pouco mais forte e valente.

Cometer erros e ter fracassos fazem parte da condição humana, mas aceitar e admitir de boa vontade os erros que você cometeu é dar uma oportunidade à sua alma de progredir. A falta dessa boa vontade e a dificuldade em aceitar suas falhas realmente impedem sua alma de dar um passo adiante para o próximo estágio.

Não espere recompensas

Você faz tudo o que pode pelos outros sem esperar nenhuma retribuição? Muito pouca gente possui esse espírito; talvez você não consiga encontrar nem mesmo uma entre cem. Mas se procurar bastante, é possível que encontre. O ponto de partida é você desejar tornar-se alguém capaz de cumprimentar todo mundo com um alegre "Bom-dia", dar-lhe uma flor de presente e seguir em frente. É esse o tipo de caráter que você deve almejar ter. Continue colocando isso como meta e conseguirá adquirir um caráter que lhe permitirá passar pelas coisas naturalmente, como se você fosse uma brisa transparente. Vale a pena fazer um esforço nesse sentido.

Tenha consciência de que a vida é finita

Sua vida é finita, mas ao mesmo tempo também é infinita. Essa frase se parece com um dos temas usados pelo zen-budismo para levar a pessoa a um estado de meditação e iluminação. A "vida finita" é compartilhada por todas as pessoas que vivem no planeta, e todos iremos deixar este mundo mais cedo ou mais tarde. Não são muitas as pessoas que viverão mais 100 anos a partir de agora. Todo mundo morre um dia, seja um membro da família, um parente ou vizinho. Se você estiver ciente de que todo mundo vai morrer um dia, poderá ter maior compaixão pelas pessoas. Lembre-se de que você também deixará este mundo daqui a alguns anos ou décadas.

No entanto, na Happy Science as pessoas despertam para o fato de que a vida é infinita; dessa forma, se você levar em conta que também partirá deste mundo, é natural que queira deixar uma impressão alegre no coração das pessoas.

Desperte para a vida infinita

Ter uma "vida infinita" significa que os seres humanos sempre terão novas e infinitas oportunidades de recomeçar suas vidas. Essa é uma grande expressão de um amor maior. É doloroso e assustador acabar no inferno após a morte. No entanto, a alma sempre continua viva, mesmo a daqueles que vão para o inferno. Também é verdade que, se você passar muitos anos no inferno para aprimoramento espiritual, será capaz de retornar para o Céu. Somente depois disso será permitido que você renasça no mundo terreno. Se você acreditar que esta vida é a única, sua luta será em vão; no entanto, sempre haverá muitas chances de recomeçar.

Algumas crenças religiosas consideram a reencarnação algo doloroso, mas tranquilize seu coração em relação a isso e sinta gratidão pelo fato de ter recebido uma vida e uma alma, sem se importar com quantas vezes você possa fracassar. Isso irá ajudá-lo a viver mais tranquilo e com mais alegria.

24 *Se você acreditar que esta vida é a única, sua luta será em vão; no entanto, sempre haverá muitas chances de recomeçar.*

25

NÃO IMPONHA CONDIÇÕES PARA SER FELIZ

Não seja uma pessoa covarde, exigindo que a vida satisfaça suas condições pessoais para que se sinta feliz. Nunca condicione sua felicidade dizendo coisas como: "Só vou ser feliz quando tiver um milhão de dólares" ou "Para ser feliz eu precisaria ter um emprego melhor" ou "Só serei feliz se casar com uma pessoa maravilhosa" ou "Só poderei me sentir feliz se me formar por uma boa universidade".

Imagine alguém alegre, positivo, cheio de ideias construtivas e que vive com grande entusiasmo e esperança. Você mudaria sua opinião a respeito dessa pessoa se soubesse que no passado ela passou por dificuldades, doença, falência ou um fracasso nos estudos ou nos negócios? Claro que não. No entanto, se ela for uma pessoa que se prende ao seu passado obscuro, as outras pessoas pensarão que ela é infeliz. Quando as pessoas se livram desse passado obscuro e conseguem viver com alegria, de forma positiva e com esperança, são vistas como "pessoas felizes".

Que tal se o mundo fosse cheio de pessoas que acordassem de manhã dizendo: "Que dia maravilhoso! Vou trabalhar bastante hoje, de novo. Não tenho medo de ficar velho. Quero continuar ativo até o fim dos meus dias. Vou trabalhar bastante para fazer desse mundo um lugar melhor de se viver, repleto de pessoas felizes"?

Mesmo que não seja capaz de preencher o planeta todo de felicidade de uma hora para outra, se você conseguir adotar essa atitude, terá livrado o mundo de uma gota de infelicidade. Isso é perfeitamente possível de conseguir. O simples fato de ter pensamentos radiantes e felizes abrirá para você uma vida radiante e feliz.

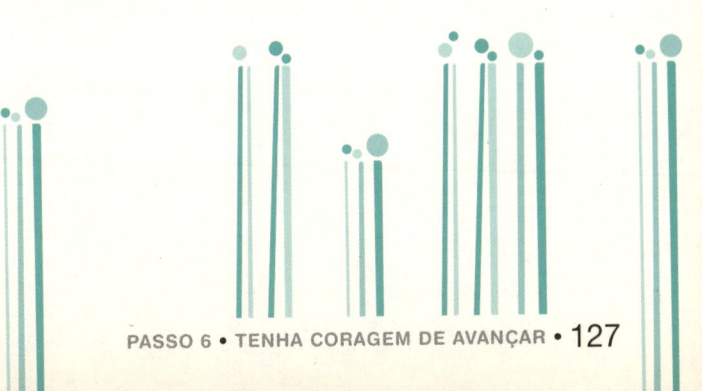

Para poder ter uma vida radiante e feliz, não se apegue a desculpas. Não fique achando que só será feliz se determinada condição for preenchida.

Aqueles que se esforçam e mantêm uma atitude positiva para criar um futuro brilhante, independentemente das circunstâncias, podem estar certos de que se abrirá um caminho esplêndido diante deles.

Crie coragem e cultive a vontade de abrir caminho pela floresta densa. As pessoas capazes disso são as que abrem a fronteira de um mundo inteiramente novo. Não pense em estabelecer condições. Diga adeus a pensamentos que comecem com: "Se eu tivesse..." ou "Se eu fosse..." A partir de hoje, não pense em possíveis razões pelas quais você não consegue ser feliz. Pare de se justificar e de se queixar.

Ninguém alcança o sucesso vivendo de desculpas e reclamações. Quando você se queixa, está manchando seu coração com esse veneno e transmitindo esses sentimentos negativos para os outros. As reclamações têm um efeito parecido com o de um veneno. Elas fazem as pessoas sofrerem ainda mais. Portanto, em primeiro lugar, pare de reclamar. Só isso, no entanto, não basta. Você deve também plantar sementes alegres e positivas em seu coração para substituir as reclamações. Como resultado, surgirão belas flores crescendo dentro do seu coração.

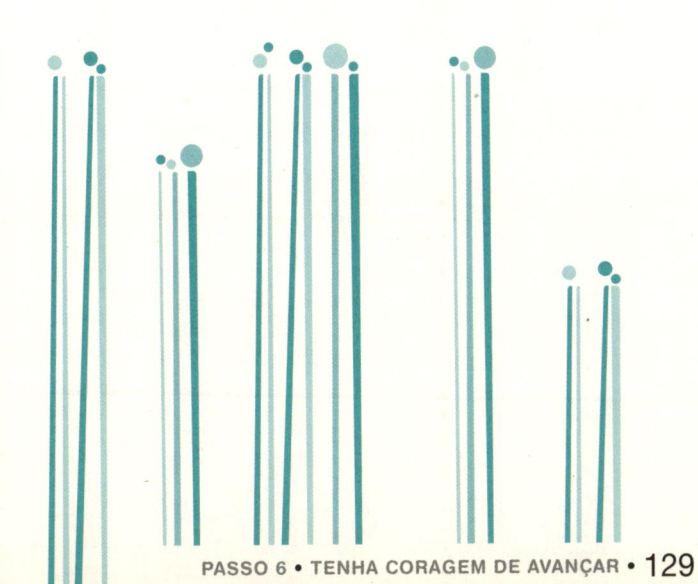

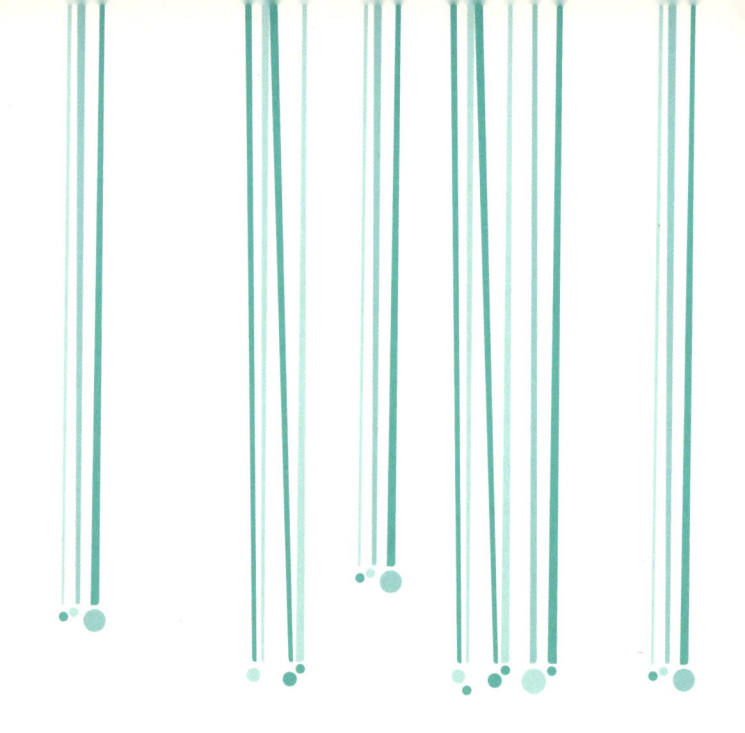

25 O simples fato de ter pensamentos radiantes e felizes abrirá para você uma vida radiante e feliz.

Passo 7

MUDE A SI MESMO E FAÇA SUA VIDA BRILHAR

26

EMANE SEMPRE UMA IMAGEM POSITIVA: "ESTOU BEM!"

Desde tempos antigos, sempre se soube que as pessoas se desenvolvem para ficar parecidas com a imagem que têm delas mesmas. Buda Shakyamuni, Sócrates, Marco Aurélio, o filósofo Ralph Waldo Emerson e o psicólogo William James concordam com isso. Todos eles falam como indivíduos, mas a essência de suas mensagens pode ser resumida assim:

"Os seres humanos refletem a imagem que fazem de si mesmos. Você é o que pensa ser. Em que você pensa todos os dias? As coisas nas quais você pensa e considera todos os dias fazem de você quem você é. Suas roupas ou sua aparência exterior não importam. Seu currículo não vai mostrar às pessoas quem você é; você é aquilo que pensa".

É assim que são as coisas no mundo espiritual. Lá não existe nada, exceto pensamentos. A existência no mundo espiritual consiste apenas de pensamentos, e as coisas se manifestam exatamente da forma como as pessoas pensaram. Esses pensamentos também se tornam realidade neste mundo, com o passar do tempo.

Em outras palavras, você é exatamente a pessoa que julga e pensa ser. Se uma semente pensa que é uma rosa, ela irá produzir brotos de rosa, enquanto uma semente que pensa ser uma melancia produzirá melancias. O futuro será positivo ou negativo, otimista ou pessimista, feliz ou infeliz, dependendo das sementes que estão no seu coração. Se você quer um futuro feliz, deve plantar uma semente positiva no seu coração e nutri-la até que fique madura. Para nutrir essa semente, você deve ter continuamente os mesmos pensamentos. Quando sentir que sua mente está sendo tomada pela negatividade, contraponha-se a isso e gere pensamentos otimistas. É preciso força de vontade, esforçar-se. Fazer o que é possível ser feito hoje, e pensar na esperança do amanhã.

É impossível aos seres humanos abrigar ao mesmo tempo dois pensamentos contraditórios na mente. As pessoas não conseguem dar gargalhadas enquanto falam de algo triste, tampouco conseguem chorar de tristeza ao falar de alguma coisa muito agradável.

É por isso que os pensamentos que ocupam sua mente são tão importantes. Você deve ter sempre uma imagem positiva de si mesmo. Deve criar uma imagem de si como alguém que está se desenvolvendo, sendo bem-sucedido, útil à sociedade e ao mundo, encontrando a felicidade pessoal e levando felicidade às pessoas à sua volta. Esta é a imagem positiva que você deve manter como elemento principal em sua mente. Mesmo quando sentir que está sendo arrastado por um conceito ou ideia negativa, procure reunir coragem e transmitir conceitos e ideias mais positivas ainda. Se for capaz de fazer isto neste mundo, será capaz de fazê-lo também no outro, e então poderemos dizer que você conseguiu a vitória nesta vida.

Se você for capaz de descobrir o imenso poder do pensamento, eu ficarei imensamente feliz.

26. Você é aquilo que pensa.

POSFÁCIO

O conteúdo deste livro é uma receita para ter sucesso na vida. Ele pode ser útil a pessoas do mundo todo. É um manual essencial, escrito com palavras simples, que dá instruções sobre como levar uma vida de felicidade. É uma Bíblia moderna, um sutra atual, um estudo sobre a vida, e propõe um modo de viver que transcende todas as barreiras que separam religiões e seitas.

Gostaria que todas as pessoas, mesmo as mais pobres, doentes, as que sofrem com relacionamentos conflituosos e as que estão enfrentando adversidades e ansiedades, lessem este livro. Desejo intensamente em meu coração que os ensinamentos aqui transmitidos cheguem a bilhões de pessoas. É meu desejo mais profundo que cada vez mais pessoas sejam capazes de fazer seu caráter único brilhar, que tenham sempre um belo sorriso nos lábios, ostentem um espírito alegre e livre e tenham o poder de construir um futuro brilhante.

Ryuho Okawa

SOBRE O AUTOR

O mestre Ryuho Okawa começou a receber mensagens de grandes personalidades da história – Jesus, Buda e outras criaturas celestiais – em 1981. Esses seres sagrados vieram com mensagens apaixonadas e urgentes, rogando para que ele entregasse às pessoas na Terra a sabedoria divina deles. Assim se revelou o chamado para que ele se tornasse um líder espiritual e inspirasse pessoas no mundo todo com as Verdades espirituais sobre a origem da humanidade e sobre a alma, por tanto tempo ocultas. Esses diálogos desvendaram os mistérios do Céu e do Inferno e se tornaram a base sobre a qual o mestre Okawa construiu sua filosofia espiritual.

À medida que sua consciência espiritual se aprofundou, ele compreendeu que essa sabedoria continha o poder de ajudar a humanidade a superar conflitos religiosos e culturais e conduzi-la a uma era de paz e harmonia na Terra.

Pouco antes de completar 30 anos, o mestre Okawa deixou de lado uma promissora carreira de negócios para se dedicar totalmente à publicação das mensagens que recebe do Céu. Desde então, até dezembro de 2012, já lançou mais de 1000 livros, tornando-se um autor de grande sucesso no Japão. A universalidade da sabedoria que ele compartilha, a profundidade de sua filosofia religiosa e espiritual e a clareza e compaixão de suas mensagens continuam a atrair milhões de leitores. Além de seu trabalho contínuo como escritor, o mestre Okawa dá aulas e palestras públicas pelo mundo todo.

SOBRE A HAPPY SCIENCE

Em 1986, o mestre Ryuho Okawa fundou a Happy Science, um movimento espiritual empenhado em levar mais felicidade à humanidade pela superação de barreiras raciais, religiosas e culturais, e pelo trabalho rumo ao ideal de um mundo unido em paz e harmonia. Apoiada por seguidores que vivem de acordo com as palavras de iluminada sabedoria do mestre Okawa, a Happy Science tem crescido rapidamente desde sua fundação no Japão e hoje conta com mais de 12 milhões de membros em todo o globo, com Templos locais em Nova York, Los Angeles, São Francisco, Tóquio, Londres, Paris, Düsseldorf, Sydney, São Paulo e Seul, dentre as principais cidades. Semanalmente o mestre Okawa fala nos Templos da Happy Science e viaja pelo mundo dando palestras abertas ao público.

A Happy Science possui vários programas e serviços de apoio às comunidades locais e pessoas necessitadas, como programas educacionais pré e pós-escolares para jovens e serviços para idosos e pessoas portadoras de deficiências. Os membros também participam de atividades sociais e beneficentes, que no passado incluíram ajuda humanitária às vítimas de terremotos na China e no Japão, levantamento de fundos para uma escola na Índia e doação de mosquiteiros para hospitais em Uganda.

Programas e Eventos

Os templos locais da Happy Science oferecem regularmente eventos, programas e seminários. Junte-se às nossas sessões de meditação, assista às nossas videopalestras, participe dos grupos de estudo, seminários e eventos literários. Nossos programas ajudarão você a:

- Aprofundar sua compreensão do propósito e significado da vida.
- Melhorar seus relacionamentos conforme você aprende a amar incondicionalmente.
- Aprender a tranquilizar a mente mesmo em dias estressantes, pela prática da contemplação e da meditação.
- Aprender a superar os desafios da vida e muito mais.

Seminários Internacionais

Anualmente, amigos do mundo inteiro comparecem aos nossos seminários internacionais, que ocorrem em nossos templos no Japão. Todo ano são oferecidos programas diferentes sobre diversos tópicos, entre eles como melhorar relacionamentos praticando os Oito Corretos Caminhos para a iluminação e como amar a si mesmo.

Revista Happy Science

Leia os ensinamentos do mestre Okawa na revista mensal *Happy Science*, que também traz experiências de vida de membros do mundo todo, informações sobre vídeos da Happy Science, resenhas de livros etc. A revista está disponível em inglês, português, espanhol, francês, alemão, chinês, coreano e outras línguas. Edições anteriores podem ser adquiridas por encomenda. Assinaturas podem ser feitas no templo da Happy Science mais perto de você.

CONTATOS

Templos da Happy Science no Brasil

Para entrar em contato, visite o website da Happy Science no Brasil: http://www.happyscience-br.org

Templo Matriz de São Paulo
Rua Domingos de Morais, 1154, Vila Mariana,
São Paulo, SP, CEP 04010-100.
Tel.: (11) 5088-3800; Fax: (11) 5088-3806
E-mail: sp@happy-science.org

Templos locais
SÃO PAULO
Região Sul:
Rua Domingos de Morais, 1154, 1º andar,
Vila Mariana, São Paulo, SP, CEP 04010-100.
Tel.: (11) 5574-0054; Fax: (11) 5574-8164
E-mail: sp_sul@happy-science.org

Região Leste:
Rua Fernão Tavares, 124,
Tatuapé, São Paulo, SP,
CEP 03306-030.
Tel.: (11) 2295-8500;
Fax: (11) 2295-8505
E-mail: sp_leste@happy-science.org

Região Oeste:
Rua Grauçá, 77, Vila Sônia,
São Paulo, SP,
CEP 05626-020.
Tel.: (11) 3061-5400
E-mail: sp_oeste@happy-science.org

JUNDIAÍ
Rua Congo, 447, Jd. Bonfiglioli,
Jundiaí, SP,
CEP 13207-340.
Tel.: (11) 4587-5952
E-mail: jundiai@happy-science.org

RIO DE JANEIRO
Largo do Machado, 21 sala 607,
Catete
Rio de Janeiro, RJ, CEP 22221-020.
Tel.: (21) 3243-1475
E-mail: riodejaneiro@happy-science.org

SOROCABA
Rua Dr. Álvaro Soares, 195, sala 3, Centro,
Sorocaba, SP, CEP 18010-190.
Tel.: (15) 3232-1510
E-mail: sorocaba@happy-science.org

SANTOS
Rua Itororó, 29, Centro,
Santos, SP, CEP 11010-070.
Tel.: (13) 3219-4600
E-mail: santos@happy-science.org

Templos da Happy Science pelo Mundo

A Happy Science é uma organização com vários templos distribuídos pelo mundo. Para obter uma lista completa, visite o site internacional (em inglês): www.happyscience.org.

Localização de alguns dos muitos templos da Happy Science no exterior:

JAPÃO
Departamento Internacional
6F 1-6-7, Togoshi, Shinagawa,
Tokyo, 142-0041, Japan
Tel.: (03) 6384-5770

Fax: (03) 6384-5776
E-mail: tokyo@happy-science.org
Website: www.happy-science.jp

ESTADOS UNIDOS

Nova York
79 Franklin Street,
New York, NY 10013
Tel.: 1- 212-343-7972
Fax: 1-212-343-7973
E-mail: ny@happy-science.org
Website: www.happyscience-ny.org

Los Angeles
1590 E. Del Mar Boulevard,
Pasadena, CA 91106
Tel.: 1-626-395-7775
Fax: 1-626-395-7776
E-mail: la@happy-science.org
Website: www.happyscience-la.org

São Francisco
525 Clinton Street,
Redwood City, CA 94062
Tel./Fax: 1-650-363-2777
E-mail: sf@happy-science.org
Website: www.happyscience-sf.org

Havaí
1221 Kapiolani Blvd,
Suite 920, Honolulu
HI 96814, USA
Tel.: 1-808-537-2777
E-mail: hawaii-shoja@happy-science.org
Website: www.happyscience-hi.org

AMÉRICAS CENTRAL E DO SUL

MÉXICO
E-mail: mexico@happy-science.org
Website: www.happyscience.jp/sp

PERU
Av. Angamos Oeste, 354,
Miraflores, Lima, Perú
Tel.: 51-1-9872-2600
E-mail: peru@happy-science.org
Website: www.happyscience.jp/sp

EUROPA

INGLATERRA
3 Margaret Street,
London W1W 8RE, UK
Tel.: 44-20-7323-9255

Fax: 44-20-7323-9344
E-mail: eu@happy-science.org
Website: www.happyscience-eu.org

ALEMANHA
Klosterstr. 112, 40211 Düsseldorf, Germany
Tel.: 49-211-9365-2470
Fax: 49-211-9365-2471
E-mail: germany@happy-science.org

FRANÇA
56 rue Fondary 75015, Paris, France
Tel.: 33-9-5040-1110
Fax: 33-9-5540-1110
E-mail: france@happy-science-fr.org
Website: www.happyscience-fr.org

OUTROS LIVROS DE RYUHO OKAWA

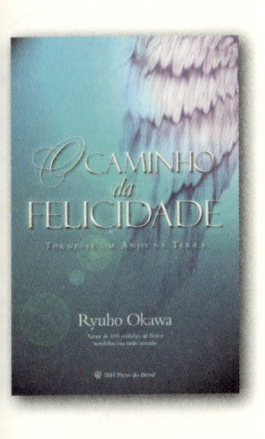

O Caminho da Felicidade
Torne-se um Anjo na Terra
IRH Press do Brasil

Este livro contém a íntegra dos ensinamentos da Verdade espiritual transmitida em várias palestras dadas pelo Mestre Ryuho Okawa em sua visita ao Brasil, e serve como abrangente introdução àqueles que estão em busca do aperfeiçoamento espiritual através da Happy Science, adequada para pessoas de todas as raças, nos mais variados caminhos espirituais e religiosos.

　　Desde que fundou a Happy Science em 1986, no Japão, o mestre Ryuho Okawa já cativou milhares de seguidores com seus ensinamentos precisos e suas palavras de iluminada sabedoria. Hoje, este próspero movimento espiritual conta com Templos nas principais cidades e mais de 12 milhões de adeptos em todo o mundo.

Aqui, o mestre Okawa apresenta "Verdades Universais" que podem transformar sua vida e conduzi-lo para o caminho da felicidade: ser o autor da própria vida, quais são os "Quatro Corretos Caminhos", tornar-se um anjo na Terra, como usar o pensamento vencedor, abrir a porta para os milagres, entre outros.

A sabedoria contida neste livro é intensa e profunda, mas decididamente simples, e pode ajudar a humanidade a superar conflitos religiosos e culturais e conduzi-la a uma era de paz e harmonia na Terra.

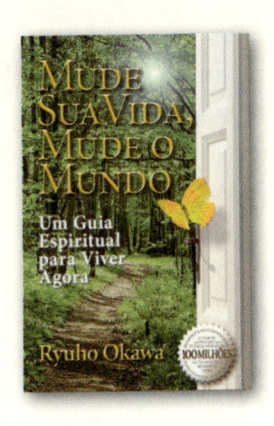

Mude Sua Vida, Mude o Mundo
Um Guia Espiritual para Viver Agora
IRH Press do Brasil

O guia espiritual Ryuho Okawa traz para os leitores a sabedoria infinita que tem inspirado milhões de seguidores e de leitores em todo o mundo. Neste livro, o mestre Okawa convoca pessoas de todas as nações, pedindo-lhes que se lembrem de suas verdadeiras raízes espirituais e aceitem que, independentemente de raça, religião ou cultura, toda a humanidade fazia parte originalmente de uma única e gigantesca família, chamada de Árvore Cósmica.

Mude Sua Vida, Mude o Mundo é uma urgente mensagem de esperança, que contém a solução para o estado de crise em que nos encontramos hoje, quando a guerra, o terrorismo e os desastres econômicos provocam dor e sofrimento por todos os continentes. Este livro é um chamado para nos fazer despertar para a Verdade de nossa ascendência, para que todos nós, como irmãos, possamos reconstruir nosso planeta e transformá-lo numa Terra de paz, prosperidade e felicidade.

Mude Sua Vida, Mude o Mundo é um raio de luz cheio de sabedoria universal sobre a alma que habita cada um de nós e sobre o propósito divino da alma humana dentro do vasto Universo. Este livro abrirá as portas mais profundas da sua consciência. Como criatura de Deus, você descobrirá o poder da essência divina dentro de si e verá que, tendo este saber espiritual como guia, cada um de nós tem o poder de transformar vidas e mudar o mundo.

Encontre o poder para *Mudar Sua Vida e Mudar o Mundo* aprendendo a:
- Dar amor ao próximo, incondicionalmente
- Compreender o significado da sua vida e do mundo
- Transformar a Terra num mundo ideal

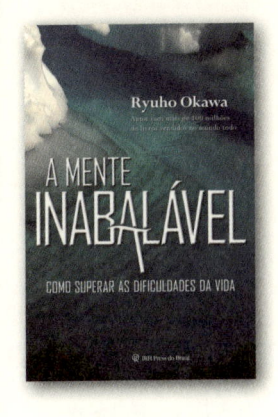

A Mente Inabalável
Como Superar as Dificuldades da Vida
IRH Press do Brasil

Muitas vezes nos sentimos incapazes de lidar com os obstáculos que a vida coloca em nosso caminho. Sejam eles problemas pessoais ou profissionais, tragédias inesperadas ou dificuldades que nos acompanham há tempos, com frequência nos sentimos impotentes.

De acordo com o líder espiritual Ryuho Okawa, a melhor forma de encontrar uma solução para tais situações é ter uma mente inabalável. Neste livro, ele descreve maneiras de adquirir confiança em si mesmo e alcançar o crescimento espiritual, adotando como base uma perspectiva espiritual.

Se você tiver vontade e disposição para aprender com todas as lições swque a vida lhe apresenta – sejam elas boas ou ruins –, toda dificuldade poderá ser transformada em alimento para a alma.

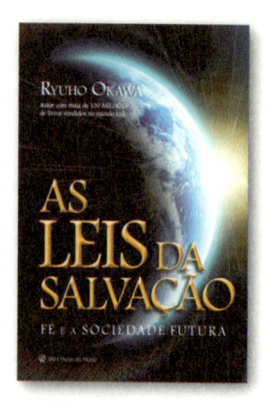

As Leis da Salvação
Fé e a Sociedade Futura
IRH Press do Brasil

Este livro, que faz parte da série escrita por Ryuho Okawa sobre as "Leis Divinas", reúne várias palestras sobre o tema da fé. Embora tenham sido dirigidas inicialmente para o público japonês, estas palestras trazem conceitos e explicações relevantes para qualquer pessoa, pois ajudam a elucidar os mecanismos da vida e o que ocorre depois dela, permitindo com isso que os seres humanos adquiram maior grau de compreensão, progresso e felicidade.

Em *As Leis da Salvação – Fé e a Sociedade Futura*, o autor apresenta a possibilidade de salvação para a humanidade que vive no século 21 e abre um novo caminho para a nascente Era Espacial. Além disso, aborda importantes questões, como a verdadeira natureza do homem enquanto ser espiritual. A partir dessa nova perspectiva, explica a necessidade da religião, a existência do bem e do mal, a importância das escolhas, o papel do governo, a possibilidade do armagedom, como seguir o caminho da fé e ter esperança no futuro, entre outros temas.

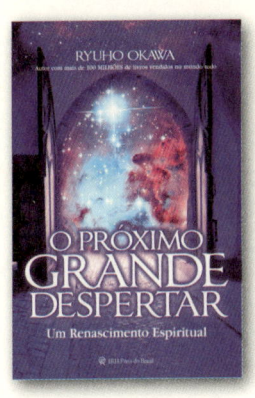

O Próximo Grande Despertar

Um Renascimento Espiritual
IRH Press do Brasil

Este livro traz revelações surpreendentes, algumas até difíceis de acreditar, que podem desafiar muitas de suas crenças na vida. Mas não se trata de invenção; essas informações foram transmitidas pelos Espíritos Superiores ao Mestre Okawa, para que ele ajude você a compreender a verdade sobre o que está acontecendo por trás da cortina que chamamos de "realidade".

Se você ainda não está plenamente convencido de que o que podemos ver, ouvir, tocar, experimentar e sentir está muito longe de tudo o que nos rodeia; se você ainda não está certo de que os Espíritos Superiores, os Anjos de Guarda e os alienígenas de outros planetas e galáxias existem aqui na Terra, então leia este livro. A futura civilização pela qual trabalhamos só pode se tornar a cultura prevalecente no mundo se continuarmos a explorar e descobrir as verdades absolutas do Mundo Espiritual e do universo, que abrangem a visitação alienígena, a vida existente em outros planetas e o significado essencial da vida na Terra, o que a Inteligência Suprema deseja para nós e de nós.

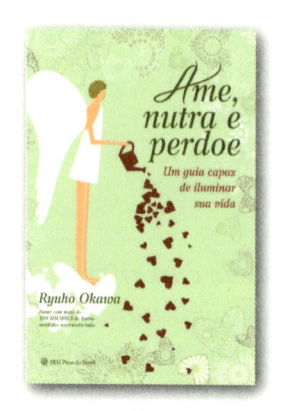

Ame, Nutra e Perdoe
Um Guia Capaz de Iluminar Sua Vida
IRH Press do Brasil

Este livro apresenta um guia para uma filosofia de vida no qual o autor, Ryuho Okawa, revela os segredos para o crescimento espiritual através dos estágios do amor, baseado em suas próprias experiências de vida. Cada estágio do amor representa um nível de elevação no desenvolvimento espiritual. O objetivo do aprimoramento da alma humana na Terra é progredir por esses estágios e desenvolver uma nova visão do maior poder espiritual concedido aos seres humanos: o amor.

O sucesso verdadeiro somente pode ser obtido ao se praticar o altruísmo no contexto familiar e na sociedade moderna. O livro ensina muitos aspectos para aqueles que são buscadores, tais como a Independência e a Responsabilidade que, quando aplicadas com base no amor, têm o poder de transformar a vida das pessoas, fazendo-as se tornarem um gerador de luz indispensável ao crescimento material e espiritual. Mostra de forma clara e prática como manter em seu coração o preceito transformador *Ame, Nutra e Perdoe*.

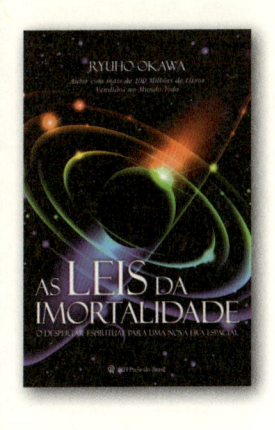

As Leis da Imortalidade
*O Despertar Espiritual
para uma Nova Era Espacial*
IRH Press do Brasil

Chegou o momento de entrar em uma nova era de espiritualidade; para isso, devemos nos unir sob uma única consciência como "Povo da Terra"

Talvez você não tenha reparado, mas milagres estão ocorrendo de fato o tempo todo à nossa volta. Em *As Leis da Imortalidade*, o mestre Okawa revela as verdades sobre os fenômenos espirituais.

Ele ensina que leis espirituais eternas realmente existem, e como essas leis moldam o nosso mundo e os mundos além deste que conhecemos. Será através do conhecimento dessas leis e da crença na verdade invisível que os problemas do mundo poderão ser resolvidos e manter o planeta inteiro unido.

Milagres e ocorrências espirituais dependem não só do Mundo Celestial, mas sobretudo de cada um de nós e do poder contido em nosso interior – o poder da fé. Quando você descobrir estes segredos neste livro, sua visão de si mesmo e do mundo será modificada completamente e para sempre.

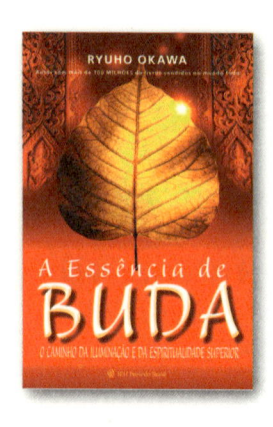

A Essência de Buda

*O Caminho da Iluminação
e da Espiritualidade Superior*
IRH Press do Brasil

O Caminho da Iluminação e da Espiritualidade deve ser trilhado com determinação e perseverança por aqueles que estão em busca da Verdade. Esse é o caminho da eterna evolução espiritual.

A Essência de Buda é um guia espiritual que ensina como viver a vida com um verdadeiro significado e propósito. Mostra uma visão contemporânea do caminho que vai muito além do budismo, a fim de orientar os que estão em busca da iluminação e da espiritualidade, escrito por um dos mais eminentes líderes espirituais da atualidade.

Neste livro você descobrirá que os fundamentos espiritualistas tão difundidos hoje em dia na verdade foram ensinados originalmente por Buda Shakyamuni e fazem parte do budismo, tal como os *Oito Corretos Caminhos, as Seis Perfeições e a Lei de Causa e Efeito, o Vazio, o Carma, a Reencarnação, o Céu e o Inferno, a Prática Espiritual, a Meditação e a Iluminação*. Esse é o caminho rumo à expansão da consciência, passando das preocupações materiais para uma compreensão de uma realidade espiritual que não pode ser vista. *A Essência de Buda* é sobre viver a vida com sentido e propósito. Oferece uma interpretação contemporânea do caminho para a iluminação.

A iluminação é uma conquista potencial de todo ser consciente. O caminho que leva até ela é uma expansão da consciência, partindo das preocupações materiais para uma maior consciência da realidade espiritual não visível. Isto – aliado à prática do amor que dá, em lugar da mera expectativa de ser amado – constitui o único caminho para a felicidade e para um mundo melhor.

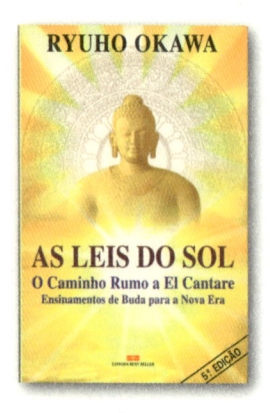

As Leis do Sol
As Leis Espirituais e a História que Governam Passado, Presente e Futuro
Editora Best Seller

Você gostaria de conhecer a verdade sobre a natureza do espírito e da alma? Quais são as leis espirituais e como podemos aprender a viver em harmonia com elas? O que acontece de fato quando morremos? De onde viemos originalmente? Em que parte do universo os seres humanos foram criados e qual a nossa relação com seres de outras partes do universo?

Neste livro poderoso, Ryuho Okawa revela a natureza transcendental da consciência e os segredos do nosso universo multidimensional, bem como o lugar que ocupamos nele. Ao compreender as leis naturais que regem o universo, e desenvolver sabedoria através da reflexão com base nos Oito Corretos Caminhos ensinados no budismo, o autor tem como acelerar nosso eterno processo de desenvolvimento e ascensão espiritual.

As Leis do Sol revela o caminho para se chegar à verdadeira felicidade – uma felicidade que inicia neste mundo e se estende ao outro. Mostra uma visão moderna e atualizada dos ensinamentos budistas e aborda várias questões vitais, incluindo a de como nossos pensamentos criam a realidade e quais são os diferentes estágios do amor espiritual e do amor humano.

A publicação deste livro havia sido profetizada por Nostradamus em meados do século 16, com a seguinte frase: "Quando forem pregadas 'As Leis do Sol' no País do Leste, minhas profecias encerram sua missão e se inicia uma nova era na Terra".

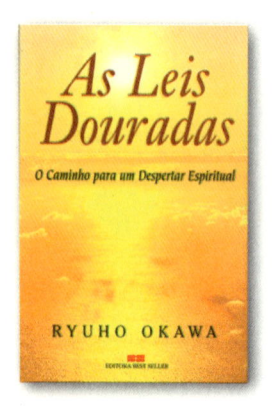

As Leis Douradas

O Caminho para um Despertar Espiritual
Editora Best Seller

Ao longo da história, os Grandes Espíritos-Guia de Luz têm estado presentes na Terra, tanto no Oriente como no Ocidente, em momentos cruciais da história humana, para cuidar do nosso desenvolvimento espiritual. Entre eles, o Buda Shakyamuni, Jesus Cristo, Confúcio, Sócrates, Krishna e Maomé.

As Leis Douradas revela como o Plano de Deus, o Buda criador do Universo, tem sido implantado na Terra, e faz um resumo dos cinco mil anos de história da humanidade, sob o ponto de vista espiritual. Ao entendermos o verdadeiro curso da história, por meio do seu passado, presente e futuro, não há como não nos tornarmos conscientes do significado da nossa missão espiritual na presente era.

As Leis Douradas apresentam uma visão do Supremo Espírito que rege o Grupo Espiritual da Terra, El Cantare, revelando como o plano de Deus tem sido concretizado neste planeta ao longo do tempo. Depende de todos nós vencer o desafio, trabalhando juntos para ampliar a Luz. Este livro completa a trilogia que inclui *As Leis do Sol* e *As Leis da Eternidade*.

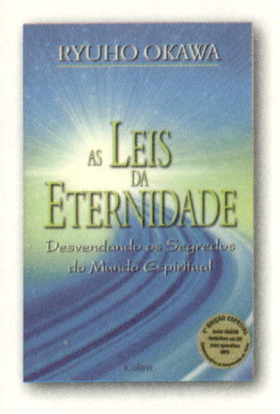

As Leis da Eternidade
A Revelação dos Segredos das Dimensões Espirituais do Universo
Editora Cultrix

Cada uma de nossas vidas é parte de uma série de vidas cuja realidade se assenta no Outro Mundo espiritual. Neste livro esclarecedor, Ryuho Okawa revela os aspectos multidimensionais do Outro Mundo, descrevendo suas dimensões, características e as leis que o governam.

As Leis da Eternidade fornece uma explicação profunda das razões por que é essencial para nós compreendermos a estrutura e a história do mundo espiritual, pois agora é momento de encontrar explicação da razão de nossas vidas – como parte da preparação para a Era Dourada que está por se iniciar.

Saiba quais são as dimensões espirituais que existem e que tipo de espíritos vivem lá. Ao ler o livro, descobriremos segredos sobre o mundo espiritual até então ocultos da humanidade.

Saiba por que anjos de luz se esforçam por ajudar a humanidade e como podemos nos aperfeiçoar como espíritos para ascender às mais elevadas dimensões.

As Chaves da Felicidade

OS 10 Princípios para Manifestar a Sua Natureza Divina
Editora Cultrix

Esta obra apresenta os 10 princípios básicos que podem servir como uma bússola para uma vida espiritual.

Os seres humanos estão em busca da felicidade, no entanto, tornam-se cada vez mais infelizes por não obter a realização de seus desejos e ideais. Neste livro, o mestre Ryuho Okawa mostra de forma simples e prática como podemos desenvolver nossa vida de forma brilhante e feliz neste mundo e no outro.

Os princípios da felicidade: Amor, Conhecimento, Reflexão, Mente, Iluminação, Progresso, Sabedoria, Utopia, Salvação, Autorreflexão e Oração – são esses os princípios que podem servir de bússola para uma vida espiritual, permitindo que cada um de nós traga felicidade e crescimento espiritual para si mesmo e para todos à sua volta. Este livro é uma compilação das primeiras palestras de Ryuho Okawa, líder espiritual e fundador da Happy Science, que cresceu para se tornar um dos movimentos espirituais mais influentes no Japão nos últimos vinte anos. Suas palavras apaixonadas e seus altos ideais vão tocar as profundezas do seu coração.

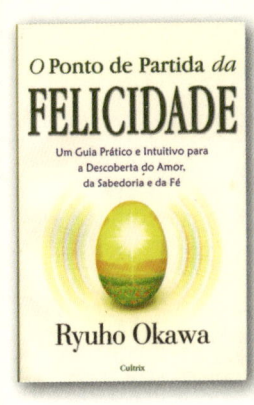

O Ponto de Partida da Felicidade

Um Guia Prático e Intuitivo para Descobrir o Amor, a Sabedoria e a Fé
Editora Cultrix

Neste livro, Ryuho Okawa ilustra muito bem como podemos obter a felicidade e levar uma vida com um propósito. Ele aconselha os buscadores espirituais a serem fortes quando ocorrerem dificuldades, a respeitar e amar os outros e a sintonizarem-se com o desejo do universo. Assim procedendo, estaremos trilhando o caminho da felicidade.

Como seres humanos viemos a este mundo sem nada e sem nada o deixaremos. Entre o nascimento e a morte, a vida nos apresenta inúmeras oportunidades e grandes desafios. Segundo o autor de best-sellers e mestre espiritual Ryuho Okawa, nós podemos nos dedicar à aquisição de propriedades e bens materiais ou procurar o verdadeiro caminho da felicidade – construído com o amor que dá, não com o que recebe, que acolhe a luz, não as trevas, emulando a vida e as qualidades das pessoas que viveram com integridade, sabedoria e coragem.

Em *O Ponto de Partida da Felicidade*, Okawa mostra com muita beleza o modo de alcançar a felicidade e viver uma vida plena de sentido.

Curando a Si Mesmo
A Verdadeira Relação entre Corpo e Espírito
IRH Press do Brasil

Por que as pessoas ficam doentes e como podem se curar?

Em *Curando a Si Mesmo*, Ryuho Okawa revela as verdadeiras causas das doenças e os remédios para várias delas, que a medicina moderna ainda não consegue curar.

Para ajudá-lo a encontrar o caminho do bem-estar, o mestre Okawa oferece não apenas conselhos espirituais, mas também de natureza prática.

Seguindo os passos sugeridos neste livro, a sua vida mudará completamente e você descobrirá a verdade sobre a mente e o corpo.

Este livro contém revelações sobre como funciona a possessão espiritual e como podemos nos livrar dela. Revela segredos do funcionamento da alma e como o corpo humano está ligado ao plano espiritual.

Mensagens de Jesus Cristo
A Ressurreição do Amor
Editora Cultrix

A Coleção *Mensagens Espirituais de Ryuho Okawa* é de autoria do fundador e presidente da Instituição Religiosa Happy Science, Ryuho Okawa, que recebeu mensagens de diversos espíritos com o objetivo de comprovar a existência do mundo espiritual.

Através do Mestre Ryuho Okawa está manifestada a consciência espiritual do Supremo Deus do Grupo Espiritual Terrestre, Senhor El Cantare (que significa "o planeta repleto de Luz"). Desde os tempos remotos, El Cantare tem guiado os Espíritos de luz e Superiores (Messias, Budas, Anjos e Arcanjos) da Terra e a grande entidade que orienta toda a humanidade no âmbito global.

Muitos Espíritos Superiores que fazem parte do grupo de guias espirituais que orientam a humanidade através da Happy Science apoiam o movimento de salvação global empreendido por essa instituição.

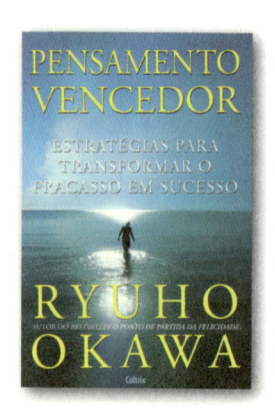

Pensamento Vencedor
*Estratégia para Transformar
o Fracasso em Sucesso*
Editora Cultrix

A vida pode ser comparada à construção de um túnel, pois muitas vezes temos a impressão de ter pela frente como obstáculo uma rocha sólida. O pensamento vencedor opera como uma poderosa broca, capaz de perfurar essa rocha. Quando praticamos esse tipo de pensamento, nunca nos sentimos derrotados em nossa vida.

O pensamento vencedor se baseia em teorias de aplicação prática e abrange as ideias de autorreflexão e progresso. Ao ler, saborear e praticar a filosofia contida neste livro, e usá-la como seu próprio poder, você será capaz de declarar que não existe essa coisa chamada derrota – só existe o sucesso.

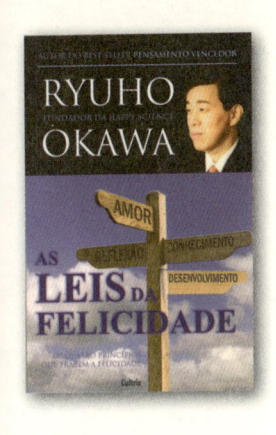

As Leis da Felicidade
Os Quatro Princípios para uma Vida Bem-Sucedida
Editora Cultrix

Hoje, muitas pessoas acreditam estar em busca da felicidade, mas seus esforços só as tornam cada vez mais infelizes. *As Leis da Felicidade* é uma introdução básica aos ensinamentos de Ryuho Okawa, ilustrando o cerne de sua filosofia. Ele ensina que se as pessoas conseguem dominar os Princípios da Felicidade – Amor, Conhecimento, Reflexão e Desenvolvimento –, elas podem fazer sua vida brilhar, tanto neste mundo como no outro; pois esses princípios, que se baseiam nas experiências de Okawa, são os nossos recursos para escapar do sofrimento.

Okawa mostra como é possível você se libertar do sofrimento do amor egoísta, como parar de lamentar sua ignorância e aprender, por meio do estudo, como eliminar as influências espirituais negativas pela autorreflexão e como seus pensamentos fortes podem se realizar. Essas são as chaves para criar a era espiritual que está por vir e que o autor chama de "A Era do Sol".

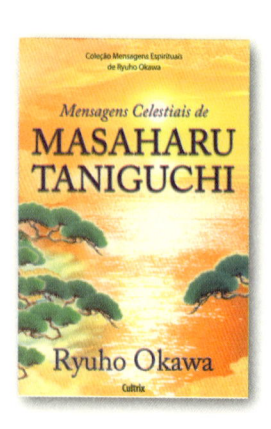

Mensagens Celestiais de Masaharu Taniguchi
Editora Cultrix

O fundador da Seicho-no-ie, Masaharu Taniguchi, dedicou-se por mais de 50 anos à difusão da Verdade, até o seu falecimento, em 1985. Mais de vinte anos depois, com o objetivo de comprovar a existência da vida após a morte, Taniguchi transmitiu mensagens por intermédio das faculdades espirituais elevadas do Mestre Ryuho Okawa, fundador e presidente da Happy Science e autor de centenas de livros contendo mensagens de Espíritos Superiores.

Neste livro, é revelado o que Masaharu Taniguchi encontrou no outro mundo após o desencarne e confirma a verdade de que Deus, ou o Buda Eterno, conhecido na Happy Science por El Cantare, é o mesmo que deu origem a todas as religiões. Com um relato detalhado sobre a vida após a morte e ensinamentos de profunda sabedoria, o mestre Okawa nos proporciona um riquíssimo manancial para o estudo profundo da Verdade.